# Aventuras literarias

# Aventuras literarias

## FIFTH EDITION

- *Ana C. Jarvis*
  Chandler-Gilbert Community College

- *Raquel Lebredo*
  California Baptist College

- *Francisco Mena-Ayllón*
  University of Redlands

**HOUGHTON MIFFLIN COMPANY**
BOSTON   NEW YORK

*Director, Modern Language Programs:* E. Kristina Baer
*Development Manager:* Beth Kramer
*Senior Development Editor:* Sharon Alexander
*Assistant Editor:* Rafael Burgos-Mirabal
*Senior Project Editor:* Helen Bronk
*Senior Production/Design Coordinator:* Jennifer Waddell
*Manufacturing Manager:* Florence Cadran
*Marketing Manager:* Patricia Fossi

**Cover Design:** Harold Burch Designs, NYC

For permission to use copyrighted materials, grateful acknowledgment is made to the copyright holders listed on pages 171–172, which is hereby considered an extension of this copyright page.

Printed in the U.S.A.

Library of Congress Catalog Card Number: 98-72050

ISBN: 0-395-90937-6

2 3 4 5 6 7 8 9-HM-02 01 00 99

# CONTENTS

## Capítulo 7

## Capítulo 8

## Capítulo 9

## Capítulo 10

## Capítulo 11

## Capítulo 12

# Lecturas suplementarias

## Selecciones poéticas

## Selecciones de prosa

# P R E F A C E

*Aventuras literarias,* Fifth Edition, is a Spanish reader designed to introduce inter-
mediate-level students to the works of key figures in contemporary and classical literature from Spain and Latin America. This richly diverse collection of appealing,
minimally edited short stories, poems, fables, essays, and excerpts from novels and
plays systematically develops students' ability to read and understand authentic
works, to express their ideas orally and in writing, and to employ literary terms and
concepts in analyzing content and style.

The variety of genres and the accessibility of its numerous selections make
*Aventuras literarias* an ideal text for introductory literature courses; it can also be
used as a supplement for conversation/composition or culture courses. Specifically
designed to accompany *¡Continuemos!,* Sixth Edition, *Aventuras literarias* can be
implemented in combination with any other second-year grammar review text to
anchor a comprehensive intermediate program that will prepare students for
advanced-level courses in literature.

## New to the Fifth Edition

- New pre-reading activities focus students' attention on the context of each selection and reinforce essential reading strategies.

- Each reading has its own support information sections and activities, which con-
  sist of the biographical notes, and the pre-reading, vocabulary, comprehension,
  literary analysis, and composition sections, in addition to the glossed text.
  Because every selection is now self-contained, instructors can choose individual
  readings to include in their courses. This added flexibility may help to accom-
  modate the instructors' specific curricular and schedule needs.

- Eleven new selections have been included. *Aventuras literarias* now features more
  readings by contemporary Latin American writers such as Julio Cortázar, Gabriel
  García Márquez, and Jorge Luis Borges. The new readings as a whole also represent
  a broader selection of female Latin American and Spanish writers from Sor Juana
  Inés de la Cruz to Olga Ramírez de Arellano to Ana María Matute to Silvia Molina.

## Text features

### Pre-reading sections

- An introductory note, in Spanish, provides biographical information and stylistic background on each author.

- **Preparación** activities in a variety of formats ask students to apply various reading strategies such as skimming, scanning, identifying cognates, and anticipating the content of individual works.

## Reading support

- Each of the text's twelve chapters contains two to nine readings of manageable length. Students' reading skills are challenged as they progress from the simpler, shorter readings in the early chapters to the lengthier or more complex works in the later chapters. Most selections have been adapted for accessibility and have been carefully edited.

- To facilitate students' understanding of the readings, marginal glosses provide contextual definitions of unfamiliar terms. These definitions also appear in the end vocabulary for students' reference in subsequent selections. Footnotes explain cultural points and stylistic devices.

## Post-reading sections

- **Díganos** questions check comprehension and set the stage for literary analysis by stimulating discussion of meaning, plot, and characterization.

- A **Vocabulario** lists new, active vocabulary in the selection. **Palabras y más palabras** exercises reinforce usage of these words and expressions.

- **Desde el punto de vista literario** questions build oral communication and critical-thinking skills by guiding students in analyzing the selections. Suitable for small-group or whole-class discussion, these questions address stylistic aspects of the readings, such as the use of irony, metaphor, and other linguistic and rhetorical devices, as well as sociocultural and philosophical themes, for example, the role of women in Lorca's *La casa de Bernarda Alba* or the absence of liberty as expressed in Alfonsina Storni's "Hombre pequeñito."

- To develop writing skills, personalized **Composición** topics expand on each reading's themes and encourage students to use newly acquired terms creatively to analyze and to express their own opinions on a given subject. The **Composición** topics also lend themselves to oral discussion and to collaborative writing.

## Supplementary sections

- The **Lecturas suplementarias** section features eleven additional selections, including poems, short stories, and essays that require more advanced-level reading skills. Each reading is accompanied by **Preparación** activities and **Díganos** comprehension questions.

- The **Apéndice literario**, a valuable tool for students new to textual analysis and literary criticism in Spanish, explains literary genres and defines common critical terms in clear Spanish, with numerous examples. This information will help students as they explore the works in this text and as they continue their studies in advanced-level literature courses.

- The Spanish-English glossary lists all the vocabulary from the readings for each reference.

## Student cassette

Signaled by a cassette icon in the table of contents, key selections are included on the 90-minute audiocassette that comes with each copy of the text. Recorded by native speakers, the tape may be used in or out of class to enhance students' literary appreciation and listening skills.

We wish to express our sincere appreciation to the following colleagues for their thoughtful comments and suggestions regarding the Fourth Edition and the preparation of the Fifth Edition:

Cecilia Castro Lee, *State University of West Georgia*
Robert M. Fedorcheck, *Fairfield University*
Tia Huggins, *Iowa State University*
Phillip Johnson, *Baylor University*
Jerzy O. Jura, *Iowa State University*
Betsy Partyka, *Ohio University*

We also extend our sincere appreciation to the Modern Languages Staff of Houghton Mifflin Company, College Division: Kristina Baer, Editorial Director; Beth Kramer, Development Manager; Sharon Alexander, Senior Development Editor; and Rafael Burgos-Mirabal, Assistant Editor.

Ana C. Jarvis
Raquel Lebredo
Francisco Mena-Ayllón

## FÁBULA

Una fábula es una narración corta que se usa con fin didáctico. Los personajes pueden ser personas, animales u objetos inanimados y, generalmente, se encuentra en ella algún tipo de crítica social. La fábula tiene dos partes: la anécdota y la moraleja.

### Preparación

Fíjese en el título de esta fábula. ¿Qué problemas cree Ud. que puede tener un hombre que tiene dos esposas? Mencione tres o cuatro posibilidades.

## El hombre que tiene dos esposas     (Adaptado)

Cierto hombre de edad mediana tiene una esposa vieja y una esposa joven. Cada cual° lo quiere mucho y desea verlo con la apariencia de un compañero adecuado para ella.

5    El cabello° del hombre se está poniendo gris°, cosa que no le gusta a la esposa joven porque lo hace ver demasiado viejo para ser su esposo. Así pues°, ella lo peina y le arranca° las canas todas las noches. En cambio, la esposa vieja ve encanecer° a su esposo con gran placer, porque no quiere parecer su madre. Así pues, todas las mañanas lo peina, arrancándole todos los pelos negros que puede. El resultado es que pronto el hombre se encuentra° completamente calvo.

10    MORALEJA:    "Entrégate° a todos y pronto estarás sin nada que entregar."

*Cada...* Each one

hair / *se...* is turning gray
*Así...* Thus
pulled out
turn gray

*se...* finds himself
Give yourself

## Vocabulario

| | |
|---|---|
| **calvo(a)**   bald | **joven**   young |
| **la cana**   gray hair | **peinar**   to comb someone's hair |
| **de edad mediana**   middle aged | **querer (e → ie), amar**   to love |
| **demasiado**   too | **viejo(a)**   old |

### Palabras y más palabras

¿Qué palabra o palabras corresponden a lo siguiente?

1. lo opuesto de viejo
2. amar
3. pelo gris
4. ni joven ni viejo
5. extremadamente
6. que no tiene pelo
7. usar un peine

## Díganos...

1. ¿Cuántas esposas tiene el hombre y cómo son?
2. ¿Qué desea cada esposa?
3. ¿Qué le está pasando al pelo del hombre?
4. ¿Por qué no le gusta esto a la esposa joven?
5. ¿Por qué le gusta esto a la esposa vieja?
6. ¿Qué hace la esposa joven todas las noches?
7. ¿Qué hace la esposa vieja todas las mañanas?
8. ¿Cuál es el resultado?

## Desde el punto de vista literario

Comente Ud...[1]

1. ¿Cuál es la ironía en esta fábula?
2. ¿Qué significa para Ud. la moraleja de la fábula?

## Composición

Escriba uno o dos párrafos sobre el siguiente tema: Las cosas que hace la gente para parecer más joven.

---

[1]Los conceptos literarios aparecen definidos en el apéndice, páginas 152–156.

# MARCO DENEVI
## (ARGENTINA: 1922–        )

Marco Denevi está considerado como uno de los mejores cuentistas hispanoamericanos. Algunos de sus cuentos son casi novelas, y otros —los microcuentos— son muy breves. Marco Denevi escribe también novelas, una de las cuales —*Rosaura a las diez*— ganó el Premio Kraft en 1955. En 1960, su novela *Ceremonia secreta* ganó el primer premio del concurso organizado por la revista *Life en español*.

## Preparación

Fíjese en el título del cuento. Teniendo en cuenta que *Génesis* es el libro de la Biblia en el que se relata la historia de la Creación, ¿qué elementos espera Ud. encontrar en este cuento?

## *Génesis*   (Adaptado)

Con la última guerra atómica, la humanidad y la civilización desaparecen. Toda la tierra es como un desierto calcinado°. En cierta región de oriente sobrevive un niño, hijo del piloto de una nave espacial°. El niño come hierbas y duerme en una caverna. Durante mucho tiempo, aturdido° por el horror del desastre, sólo sabe llorar
5 y llamar a su padre. Después, sus recuerdos se oscurecen°, se vuelven arbitrarios y cambiantes° como un sueño, su horror se transforma en un vago miedo. A veces recuerda la figura de su padre, que le sonríe o lo amonesta° o asciende a su nave espacial, envuelta en fuego y en ruido, y se pierde entre las nubes. Entonces, loco de soledad, cae de rodillas° y le ruega que vuelva. Mientras tanto, la tierra se cubre
10 nuevamente de vegetación; las plantas se llenan de flores; los árboles, de frutos. El niño, convertido en un muchacho, comienza a explorar el país. Un día ve un pájaro. Otro día ve un lobo°. Otro día, inesperadamente°, encuentra a una joven de su edad que, lo mismo que él, ha sobrevivido los horrores de la guerra atómica.
    —¿Cómo te llamas?—le pregunta.
15     —Eva, —contesta la joven—. ¿Y tú?
    —Adán.

*Margin glosses:*
- burnt
- **nave...** spaceship
- stunned
- **se...** grow dim
- changing
- scolds
- **cae...** he falls to his knees
- wolf / unexpectedly

## Vocabulario

| | |
|---|---|
| **el árbol**  tree | **mientras tanto**  in the meantime |
| **la guerra**  war | **la nube**  cloud |
| **las hierbas**  herbs | **el país**  country |
| **el (la) joven**  young man, young woman | **el pájaro**  bird |
| **llorar**  to cry | **el recuerdo**  memory |
| **el miedo**  fear | **el ruido**  noise |

sobrevivir   to survive
la soledad   loneliness
sonreír[1]   to smile

el sueño   dream
la tierra   earth

## Palabras y más palabras

Encuentre en la columna **B** las respuestas a las preguntas de la columna **A**.

| A | B |
|---|---|
| 1. ¿Por qué llora el niño? | a. No, algunos sobrevivieron. |
| 2. ¿Las nubes son grises? | b. Un joven muy simpático. |
| 3. ¿De qué país son? | c. Sí, y mientras tanto, yo trabajo. |
| 4. ¿Murieron todos? | d. Sí, ¡qué miedo! |
| 5. ¿Dónde están los pájaros? | e. Un té de hierbas. |
| 6. ¿Quién es Carlos? | f. Sí, va a llover. |
| 7. ¿Siempre estás con tus amigos? | g. En ese árbol. |
| 8. ¿Ellos están en una fiesta? | h. No, ya se declaró la paz (*peace*). |
| 9. ¿Ella tiene buenos recuerdos de esos días? | i. No, a veces prefiero la soledad. |
| 10. ¿Qué tomas? | j. Porque su mamá no está con él. |
| 11. ¿Por qué sonríes? | k. No, todo le parece un mal sueño. |
| 12. ¿Oyes ese ruido extraño? | l. De Argentina. |
| 13. ¿Todavía están en guerra? | m. Sí, en mayo están aquí nuevamente. |
| 14. ¿Cuál es el satélite de la Tierra? | n. Porque estoy contenta. |
| 15. ¿Van a regresar? | o. La luna. |

## Díganos...

1. ¿Cuál es el resultado de la última guerra atómica?
2. ¿Qué apariencia tiene toda la tierra?
3. ¿Quién es el niño que sobrevive?
4. ¿Qué hace el niño para sobrevivir?
5. ¿Cómo se siente el niño y qué hace?
6. ¿Qué pasa después?
7. ¿Qué recuerdos le vuelven a la memoria?
8. ¿Qué cambios hay en la tierra después de un tiempo?
9. ¿Qué animales ve el muchacho?
10. ¿Él es el único que ha sobrevivido la guerra atómica?
11. ¿Cómo sabemos que la vida en este mundo va a continuar?
12. ¿Hay semejanzas entre el cuento y el libro del Génesis, en cuanto a la secuencia de la creación?

---

[1]Presente de indicativo: sonrío, sonríes, sonríe, sonreímos, sonreís, sonríen.

## Desde el punto de vista literario

Comente Ud...[2]

1. ¿En qué libro se inspira Marco Denevi para su cuento, y cuál es el tema central?
2. ¿Cómo es el ambiente del cuento al principio y cómo cambia?
3. ¿Qué importancia tienen los nombres de los personajes del cuento?

## Composición

Use su imaginación y continúe la conversación entre los dos jóvenes que aparecen en el microcuento "Génesis". Escriba por lo menos ocho líneas.

[2]Los conceptos literarios aparecen definidos en el apéndice, páginas 152–156.

## ENRIQUE ANDERSON-IMBERT
## (ARGENTINA: 1910–        )

Enrique Anderson-Imbert es un distinguido profesor, narrador y crítico. Pertenece a un grupo bastante numeroso de ensayistas y cuentistas hispanoamericanos que viven y enseñan en los Estados Unidos. La siguiente selección es uno de sus deliciosos "minicuentos" de la colección *El gato Cheshire*.

## Preparación

Antes de leer el cuento detalladamente, haga una lectura rápida, prestándole especial atención a los cognados. Trate de aprovechar los cognados que no son idénticos a sus equivalentes en inglés: por ejemplo, **fantasma** es muy parecido a *phantom*, que sugiere la palabra *ghost*.

## *Sala de espera*   (Adaptado)

Costa y Wright roban una casa. Costa asesina a Wright y se queda con° la valija llena de joyas y dinero. Va a la estación para escaparse en el primer tren. En la sala de espera, una señora se sienta a su izquierda y le da° conversación. Fastidiado, Costa finge con un bostezo que tiene sueño y que va a dormir, pero oye que la
5　señora continúa conversando. Abre entonces los ojos y ve, sentado a la derecha, el fantasma de Wright. La señora atraviesa a Costa de lado a lado° con la mirada y charla con el fantasma, quien contesta con simpatía°. Cuando llega el tren, Costa trata de levantarse, pero no puede. Está paralizado, mudo y observa atónito cómo el fantasma toma tranquilamente la valija y camina con la señora hacia el andén,
10　ahora hablando y riéndose. Suben, y el tren parte. Costa los sigue con los ojos. Viene un hombre y comienza a limpiar la sala de espera, que ahora está completamente desierta. Pasa la aspiradora por el asiento donde está Costa, invisible.

**se...** keeps

**le...** engages him in

**atraviesa...** looks right through Costa / charm

## Vocabulario

| | |
|---|---|
| **el andén**　platform (railroad) | **las joyas**　jewelry |
| **atónito(a)**　astonished | **mudo(a)**　mute, unable to speak |
| **el bostezo**　yawn | **partir**　to leave, to depart |
| **el fantasma**　ghost | **pasar la aspiradora**　to vacuum |
| **fastidiado(a)**　annoyed | **la sala de espera**　waiting room |
| **fingir, aparentar**　to pretend | **la valija, la maleta**　suitcase |
| **hacia**　towards | |

## Palabras y más palabras

¿Qué palabra o palabras corresponden a lo siguiente?

　1. anillos, aretes, collares, etc.
　2. lugar usado especialmente para esperar

3. enojado
4. aparentar
5. acción de bostezar
6. espíritu
7. que no puede hablar
8. muy sorprendido
9. maleta
10. en la dirección de
11. lugar donde se toma el tren
12. salir, irse
13. lo que se hace para limpiar una alfombra

## Díganos...

1. ¿Qué hacen Costa y Wright y qué pasa después?
2. ¿Para qué va Costa a la estación?
3. ¿Qué sucede en la sala de espera?
4. ¿Con quién conversa la señora?
5. ¿Por qué no puede Costa tomar el tren?
6. ¿Quiénes toman el tren?
7. ¿Qué hace el hombre que viene a limpiar la sala de espera?
8. ¿Es lógico el final de este cuento? ¿Por qué?

## Desde el punto de vista literario

Comente Ud...[1]

1. De los cuatro personajes que aparecen en "Sala de espera", ¿cuál(es) considera Ud. real(es)? ¿Por qué?
2. ¿Desde qué punto de vista está narrado el cuento?
3. ¿Cómo es el final del cuento y qué contraste hay entre el principio y el final?

## Composición

Escriba un diálogo entre dos personas que están en una sala de espera. Una de ellas quiere conversar, pero es evidente que la otra prefiere no hacerlo. Escriba unas doce o catorce líneas.

---

[1]Los conceptos literarios aparecen definidos en el apéndice, páginas 152–156.

# ENRIQUE ANDERSON-IMBERT[1]
## (ARGENTINA: 1910–          )

## Preparación

Lea el título y el primer párrafo del cuento. Considere las situaciones a que se prestan las circunstancias y trate de predecir lo que va a ocurrir.

## *La muerte*    *(El grimorio[2])*

La automovilista (negro el vestido, negro el pelo, negros los ojos, la cara pálida) ve en el camino a una muchacha que está haciendo señas para que pare°. Para.

    —¿Me llevas? Hasta el pueblo, no más —dice la muchacha.

    —Sube —dice la automovilista. Y el auto arranca a toda velocidad° por el
5  camino que bordea la montaña.

    —Muchas gracias —dice la muchacha, con un gracioso mohín°— pero ¿no tienes miedo de levantar por el camino° a personas desconocidas? Pueden hacerte daño. ¡Esto está tan desierto!

    —No, no tengo miedo.
10    —¿Y si levantas a alguien que te atraca°?

    —No tengo miedo.

    —¿Y si te matan?

    —No tengo miedo.

    —¿No? permíteme presentarme —dice entonces la muchacha, que tiene los
15  ojos grandes, límpidos°, imaginativos. Y, en seguida, conteniendo la risa, finge° una voz cavernosa. —Soy la Muerte, la M-u-e-r-t-e.

    La automovilista sonríe misteriosamente.

    En la próxima curva el auto se desbarranca°. La muchacha queda muerta° entre las piedras. La automovilista sigue y al llegar a un cactus desaparece.

*Right margin glosses:*
- **está...** is motioning her to stop
- **a...** at full speed
- **gracioso...** charming gesture
- **levantar...** give a ride to
- **te...** holds you up
- crystal clear / feigns
- **se...** goes over a cliff / **queda...** is left dead

## Vocabulario

| | |
|---|---|
| **arrancar**   to start (a car or motor) | **la persona desconocida**   stranger |
| **el (la) automovilista**   motorist | **la piedra**   rock, stone |
| **el camino**   road | **presentar**   to introduce |
| **hacer daño**   to hurt | **el pueblo**   town |
| **matar**   to kill | **la risa**   laughter |
| **la muerte**   death | **sonreír**   to smile |
| **pálido(a)**   pale | |

---

[1]Ver biografía en la página 7.

[2]Libro de fórmulas mágicas.

## Palabras y más palabras

Encuentre en la columna **B** las respuestas a las preguntas de la columna **A**.

|   A | B |
|---|---|
| 1. ¿Qué dice el automovilista? | a. Sí, y la muerte fue instantánea. |
| 2. ¿Adónde va este camino? | b. Sí, con esa piedra. |
| 3. ¿Es de aquí? | c. Al pueblo. |
| 4. ¿Te hiciste daño? | d. Sí, y está muy pálido. |
| 5. ¿Se siente mal? | e. Que su coche no arranca. |
| 6. ¿Lo mataron? | f. Sí, me la presentaron anoche. |
| 7. ¿Sonreía? | g. No, es una persona desconocida. |
| 8. ¿La conoces? | h. Sí, y trataba de contener la risa. |

## Díganos...

1. Describa a la automovilista.
2. ¿A quién encuentra la automovilista en el camino?
3. ¿Hasta dónde quiere ir la muchacha?
4. ¿Qué le pregunta la muchacha a la automovilista?
5. ¿Qué le contesta la automovilista varias veces (*several times*)?
6. ¿Quién dice la muchacha que es ella?
7. ¿Qué sucede (*happens*) al final?
8. ¿Quién es la automovilista?

## Desde el punto de vista literario

Comente Ud...[3]

1. ¿Cómo describe Anderson-Imbert el lugar donde se desarrolla el cuento "La muerte"?
2. ¿Tiene el cuento un final inesperado? ¿Por qué?

## Composición

Escriba uno o dos párrafos sobre el tema del autostop (*hitchhiking*). ¿Es una buena idea o no?

[3]Los conceptos literarios aparecen definidos en el apéndice, páginas 152–156.

# MARCO DENEVI[1]
## (ARGENTINA: 1922–        )

## Preparación

¿Qué le sugiere a Ud. el título del cuento? ¿Y qué le sugiere el hecho (*fact*) de que la historia ocurre en el siglo XXXII? Lea rápidamente la biografía del autor que aparece en la página 4, y vea si encuentra en ella alguna información que lo (la) ayude a interpretar el cuento.

## *Apocalipsis*    (*Adaptado*)

La extinción de la raza de los hombres se sitúa aproximadamente a fines del siglo XXXII. La cosa ocurre así: las máquinas han alcanzado tal perfección que los hombres ya no necesitan ni comer, ni dormir, ni leer, ni hablar, ni escribir, ni hacer el amor, ni siquiera° pensar. Les basta apretar botones° y las máquinas lo hacen todo por
5 ellos. Gradualmente van° desapareciendo las biblias, los Leonardo da Vinci, las mesas y los sillones, las rosas, los discos con las nueve sinfonías de Beethoven, las tiendas de antigüedades°, el vino de Burdeos°, las golondrinas°, los tapices flamencos°, todo Verdi°, las azaleas, el palacio de Versalles°. Sólo hay máquinas. Despúes los hombres empiezan a notar que ellos mismos van desapareciendo gradualmente, y que en cam-
10 bio las máquinas se multiplican. Basta poco tiempo° para que el número de los hombres quede reducido° a la mitad y el de las máquinas aumente al doble. Las máquinas terminan por° ocupar todo el espacio disponible. Nadie puede moverse sin tropezar con una de ellas. Finalmente los hombres desaparecen. Como° el último se olvida de desconectar las máquinas, desde entonces° seguimos funcionando.

**ni...** not even / **apretar...** to push buttons / start to

**tiendas...** antique shops Bordeaux / swallows / **tapices...** Flemish tapestries Italian composer / castle near Paris
**Basta...** Within a short time reduced

**terminan...** end up
Since

**desde...** ever since then

# Vocabulario

| | |
|---|---|
| **bastar**   to be enough | **el siglo**   century |
| **disponible**   available | **tropezar** (e → ie)   to trip over, |
| **en cambio**   on the other hand, instead | to stumble |
| **ocurrir, suceder, pasar**   to happen | **ya no**   no longer |

## Palabras y más palabras

Complete lo siguiente usando las palabras del vocabulario.

1. Yo no tengo mucho dinero _____. En _____ ella tiene cien dólares.
2. ¿Te _____ con diez dólares o necesitas más?
3. Dicen que en el _____ XXI no va a ser necesario trabajar tanto.
4. Si no miras por donde caminas vas a _____.
5. No siempre es posible saber lo que va a _____ mañana.
6. Él tiene mucho dinero y por eso _____ no tiene que trabajar.

---

[1]Ver biografía en la página 4.

## Díganos...

1. ¿En qué siglo sitúa el autor la desaparición de la humanidad?
2. ¿Qué cosas ya no necesitan hacer los hombres? ¿Por qué?
3. ¿Quiénes hacen ahora lo que antes hacían los hombres?
4. ¿Puede Ud. nombrar algunas de las cosas que van desapareciendo gradualmente?
5. ¿Qué es lo único que queda?
6. ¿Qué sucede en poco tiempo?
7. ¿Qué pasa con los hombres y qué pasa con las máquinas?
8. ¿Qué pasa al final del cuento?

## Desde el punto de vista literario

Comente Ud...[2]

1. ¿Qué tipo de lenguaje usa el autor?
2. ¿Cree Ud. que el cuento tiene un final irónico? ¿Por qué?

## Composición

Escriba uno o dos párrafos sobre este tema: Efectos de la tecnología en el hombre de hoy.

---

[2]Los conceptos literarios aparecen definidos en el apéndice, páginas 152–156.

## DON JUAN MANUEL
## (ESPAÑA: 1282–1348)

Don Juan Manuel fue un noble de Toledo, sobrino del rey de Castilla Alfonso X, el Sabio. Don Juan Manuel fue uno de los mejores representantes de la prosa castellana en su tiempo. Su obra más importante, *El conde Lucanor*, es una colección de 51 "ejemplos" o cuentos didácticos. En general son versiones nuevas de fábulas clásicas y de narraciones procedentes de libros árabes y orientales, pero algunos son originales. Al final de cada cuento, el conde Lucanor escribe la moraleja en dos versos rimados.

## Preparación

Antes de leer el "ejemplo" detalladamente, conteste las siguientes preguntas.

1. ¿Cuáles son algunas características asociadas con los zorros?
2. Lea las dos primeras líneas de la fábula. Haga una lista de los problemas que puede tener el zorro si alguien lo descubre en el gallinero.

## El zorro que se hace el muerto      *(Adaptado)*

Una noche un zorro entra en un gallinero°. Persiguiendo las gallinas se olvida de la hora y pronto amanece° sin darse él cuenta°.

Cuando descubre esto y ve que hay gente caminando por las calles, se le ocurre un plan para salvar la vida. Sale a la calle y se acuesta en el suelo°, donde
5  permanece completamente inmóvil. Todos los que pasan lo ignoran porque piensan que está muerto.

Después de un rato°, llega un hombre que exclama: "¡Un zorro muerto! Los pelos de su frente son buenos para curar enfermedades infantiles°". Saca de su bolso unas tijeras y le corta el pelo de la frente al zorro.
10  Más tarde, llega otro hombre que dice: "Los pelos de la cola° del zorro sirven para curar resfriados°", y corta un poco de pelo de la cola del zorro. Llegan más personas que dicen cosas semejantes y cada vez le quitan más y más pelo.

Pero el zorro no se mueve porque prefiere perder el pelo que la vida. Finalmente, después de un buen rato se queda° sin pelo, completamente trasquilado°.
15  Viene otro hombre y dice que la uña del zorro es muy buena para curar dolores de cabeza°. Le corta una uña al zorro, que continúa haciéndose el muerto.

Otro hombre lo ve y dice que un diente de zorro es un gran remedio para el dolor de muelas°. Le saca un diente, y el zorro sigue sin moverse.

Finalmente viene un hombre que dice: "El corazón del zorro protege contra
20  las enfermedades cardíacas°". Entonces saca del bolso un cuchillo° para sacarle el corazón al zorro.

Al escuchar lo que dice el hombre, el zorro comprende que va a perder la vida si continúa haciéndose el muerto. Piensa que es el momento de arriesgarlo todo, se incorpora de un salto° y comienza a correr hasta lograr° escapar y salvar la vida.
25    MORALEJA:    Saber cuándo soportar agravios°
                        y cuándo luchar°, es de sabios°.

chicken coop
it dawns / **sin...** without his realizing it
ground

a while
**enfermedades...** childhood diseases

tail
colds

**se...** is left / shorn

**dolores...** headaches

**dolor...** toothache

**enfermedades...** heart diseases / knife

**se...** he jumps up / **hasta...** until he manages
**soportar...** to suffer insults to fight / wise ones

# Vocabulario

arriesgar   to risk
la cola   tail
el corazón   heart
la frente   forehead
la gallina   hen
hacerse el muerto   to play dead
la muela   molar, tooth

perseguir (e → i)   to chase
el resfriado, el catarro   cold
salvar   to save
las tijeras   scissors
la uña   fingernail
la vida   life
el zorro   fox

## Palabras y más palabras

¿Qué palabra o palabras corresponden a lo siguiente?

1. catarro
2. animal que pone huevos
3. opuesto de *muerte*
4. parte de la cabeza
5. animal muy astuto
6. fingir que uno no está vivo
7. órgano vital
8. se usan para cortar
9. parte del dedo
10. tipo de diente

## Díganos...

1. ¿Dónde está el zorro una noche y qué hace allí?
2. Cuando llega a la calle, ¿qué hace para salvar la vida?
3. ¿Qué es lo primero que le cortan al zorro? ¿Por qué?
4. ¿Por qué le cortan los pelos de la cola?
5. ¿Cuál es la filosofía del zorro?
6. Según los dos hombres, ¿para qué sirven la uña y el diente del zorro?
7. ¿Por qué trata un hombre de sacarle el corazón al zorro y qué hace el animal?
8. ¿Cuál es la moraleja del cuento?

## Desde el punto de vista literario

Comente Ud...[1]

1. ¿Se puede decir que el cuento del conde Lucanor es una especie (*kind*) de fábula? ¿Por qué?
2. ¿Cómo muestra el autor la astucia (*cleverness*) del zorro?

## Composición

Escriba una composición sobre el siguiente tema: Ocasiones en las que yo me hago el tonto o la tonta (*play dumb*).

---

[1]Los conceptos literarios aparecen definidos en el apéndice, páginas 152–156.

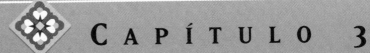

## CAPÍTULO 3

## NELLIE CAMPOBELLO
## (MÉXICO: 1913–          )

La originalidad de esta escritora de la Revolución Mexicana consiste en presentar una visión infantil de las dramáticas y crueles luchas entre las tropas de Villa y Carranza, que ella contempló en su niñez.

La Revolución Mexicana fue causada por las injusticias y abusos, de los que tenían el poder (*power*), contra las grandes masas del país. Comenzó el 20 de noviembre de 1910, cuando Madero se levantó contra el dictador Porfirio Díaz.

Las novelas de Nellie Campobello están formadas por pequeños cuadros o retratos que en conjunto constituyen un gran mural de la Revolución Mexicana. Cada narración es como un fresco alegórico narrado como lo haría un niño, con pocos adjetivos y enfatizando los verbos y sustantivos.

Entre sus novelas principales se encuentran *Cartucho*, *Las manos de mamá* y *Apuntes sobre la vida militar de Francisco Villa*.

## Preparación

Antes de leer la narración detalladamente, haga una lectura rápida para establecer lo siguiente.

1. ¿Quiénes son los personajes?
2. ¿Qué relación existe entre ellos?
3. ¿Dónde tiene lugar la acción?

## *Nacha Ceniceros*    (Adaptado)

Junto a Chihuahua, un gran campamento villista°. Todo está quieto y Nacha llora. Estaba enamorada de un muchacho coronel, de apellido Gallardo, de Durango. Ella era coronela y usaba pistola y tenía trenzas°. Había estado llorando al recibir consejos de una soldadera[1] vieja. Se puso en su tienda° a limpiar su pistola; estaba
5  muy entretenida cuando se le salió un tiro.

En otra tienda estaba sentado Gallardo junto a una mesa y platicaba con una mujer; el balazo que se le salió a Nacha en su tienda lo recibió Gallardo en la cabeza y cayó muerto°.

—Han matado a Gallardo, mi general.
10  Villa dijo, despavorido°:
—Fusílenlo°.
—Fue una mujer, general.
—Fusílenla.
—Nacha Ceniceros.
15  —Fusílenla.

de (Pancho) Villa

braids

tent

cayó... dropped dead

horrified
Shoot him

---
[1]Mujer que acompañaba a las tropas de campamento a campamento.

Lloró al amado°, se puso los brazos sobre la cara, se le quedaron las trenzas    beloved
negras colgadas° y recibió la descarga°.    hanging / volley

Hacía una bella figura, inolvidable para todos los que vieron el fusilamiento.

Hoy existe un hormiguero° en donde dicen que está enterrada.    anthill

(*De la novela* Cartucho)

# Vocabulario

**bello(a)** beautiful
**colgar (o → ue)** to hang
**el consejo** advice
**enamorado(a) de** in love with
**enterrar (e → ie)** to bury
**inolvidable** unforgettable
**junto a** next to

**llorar** to cry
**platicar, conversar** to talk
**ponerse a + (infinitivo)** to start
 (doing something)
**quieto(a)** still
**el tiro, el balazo** shot

## Palabras y más palabras

Complete lo siguiente usando las palabras del vocabulario.

1. Ella está _____ de mi hermano; lo quiere mucho.
2. Murió ayer y lo van a _____ mañana.
3. La guía de teléfono está _____ al teléfono.
4. Es una mujer muy _____ y muy inteligente.
5. Siempre está corriendo; nunca se queda _____.
6. No le des ningún _____ porque no le hace caso a nadie.
7. Un sinónimo de *tiro* es _____.
8. A ella le gusta _____ con sus amigas por teléfono.
9. Enseguida me voy a _____ a hacer la cena.
10. Voy a _____ los pantalones en el ropero.
11. Nunca voy a poder olvidarla. Es una mujer _____.
12. Mireya está muy triste. Está _____.

## Díganos...

1. ¿Dónde está Nacha Ceniceros?
2. ¿De quién está enamorada Nacha?
3. Describa a Nacha Ceniceros.
4. ¿Qué pasó cuando Nacha se puso a limpiar su pistola?
5. ¿Dónde estaba Gallardo y qué le pasó?
6. ¿Qué ordena el general Villa?
7. Describa el fusilamiento de Nacha Ceniceros.
8. ¿Qué hay hoy donde enterraron a Nacha?

## Desde el punto de vista literario

Comente Ud...[2]

1. El estilo de Nellie Campobello es infantil. Dé Ud. ejemplos de este estilo.
2. ¿Qué imágenes usa la autora para describir la muerte de Nacha Ceniceros?

## Composición

Escriba uno o dos párrafos sobre el siguiente tema: Ventajas y desventajas de tener un arma en la casa.

---

[2]Los conceptos literarios aparecen definidos en el apéndice, páginas 152–156.

## FERNÁN CABALLERO
## (ESPAÑA: 1796–1877)

A Fernán Caballero, cuyo verdadero nombre era Cecilia Böhl de Fáber, corresponde la gloria de haber iniciado el realismo en España y de haber señalado el camino para el renacimiento de la novela en su país. Su idea de lo que debe ser una novela queda expresada al decir: "La novela no se inventa; se observa". Su obra es el resultado de la fusión de dos elementos románticos: lo sentimental y el costumbrismo. Lo único nuevo en ella es la técnica realista. Su primera novela, y quizás la mejor de todas, fue *La gaviota*.

Los cuentos de Fernán Caballero tienen una temática muy variada, que va desde la exquisita espiritualidad poética hasta lo vulgar. Siente especial predilección por el relato de tipo moral, y su estilo es sencillo y natural. Sus cuentos fueron publicados en la colección que lleva el título de *Cuadros de costumbres andaluzas*.

## Preparación

Conteste las siguientes preguntas.

1. Los personajes de este cuento son un matrimonio anciano y un hada (*fairy*). Teniendo esto en cuenta, ¿qué le sugiere el título?
2. ¿Sabe Ud. de alguien que haya ganado la lotería o heredado mucho dinero inesperadamente? ¿Qué le pasó después? ¿Mejoró o empeoró su vida?

# Los deseos   *(Adaptado)*

Había un matrimonio anciano° que, aunque° pobre, toda su vida la había pasado   elderly / although
muy bien, trabajando y cuidando de su pequeña hacienda°. Una noche de invierno   property
estaban sentados marido y mujer junto al fuego, y en lugar de darle gracias a Dios
por el bien y la paz° de que disfrutaban, estaban enumerando los bienes° que tenían   peace / assets
5  otros y que ellos deseaban poseer también.

—¡Si yo tuviera el rancho del tío Polainas! —decía el viejo.

—¡Y si yo —añadía su mujer— tuviera la casa de nuestra vecina, que es más
nueva que la nuestra!

—¡Si yo —continuaba el viejo— en lugar de la burra°, tuviera el mulo del tío   donkey
10  Polainas!

—¡Si yo —añadió la mujer— pudiera matar un puerco° de doscientas libras   pig
como la vecina! Esa gente, para tener las cosas, sólo necesita desearlas. ¡Ojalá
pudiera yo ver cumplidos° mis deseos°!   fulfilled / wishes

Apenas° dijo estas palabras, vieron que bajaba por la chimenea una mujer her-   Barely
15  mosísima; era pequeña, y traía, como una reina°, una corona° de oro en la cabeza   queen / crown
y tenía un cetro° chiquito de oro en la mano.   wand

—Soy el hada° Fortunata —les dijo—; pasaba por aquí y oí vuestras quejas°.   fairy / complaints
Vengo a concederos° tres deseos: uno a ti —le dijo a la mujer—; otro a ti —le dijo   grant you
al marido—, y el tercero para los dos; éste último lo otorgaré° mañana a esta   will grant
20  misma hora. Hasta entonces tenéis tiempo de pensar cuál será.

Después de decir esto, desapareció.

Imagínense ustedes la alegría del buen matrimonio y la cantidad de deseos en que pensaron. Fueron tantos que no pudiendo decidir, dejaron la elección° defi- — choice
nitiva para la mañana siguiente, y toda la noche para consultarla con la almo-
25 hada°, y se pusieron a conversar de otras cosas.    consultarla... to sleep on it

Empezaron a hablar otra vez sobre sus afortunados vecinos.

—Hoy estuve allí; estaban haciendo las morcillas° —dijo el marido—; ¡pero   blood sausages
qué morcillas! ¡Eran magníficas!

—¡Ojalá tuviera una de ellas aquí para comerla! —dijo la mujer. Inmediatamente
30 apareció sobre las brasas° la morcilla más hermosa que hubo, hay y habrá en el   coals
mundo.

La mujer se quedó mirándola con la boca abierta. Pero el marido se levantó
desesperado y, dando vueltas° por el cuarto, se arrancaba° el cabello, diciendo:   dando... walking around / se... he pulled out

—Por ti, que eres tan comilona°, se ha desperdiciado uno de los deseos. Mire   gluttonous
35 Ud., señor, ¡qué mujer tan tonta! Esto es para desesperarse. ¡Ojalá se te pegara° la   would be stuck to
morcilla en la nariz!

Al terminar de decirlo ya estaba la morcilla colgando° del sitio indicado.   hanging

Ahora le tocó asombrarse° al viejo y desesperarse a la vieja.   to be astonished

—¡Mira lo que hiciste! —exclamaba la mujer tratando de arrancarse la mor-
40 cilla. —Desde ahora, nada desearé, sino que se me quite la morcilla de la nariz.

—Mujer, por Dios; ¿y el rancho?

—Nada.

—Mujer, por Dios; ¿y la casa?

—Nada.

45 —Desearemos una mina, hija, y te haré una funda° de oro para la morcilla.   case

—Ni lo pienses.

—Pues qué, ¿nos vamos a quedar como estábamos?

—Ése es todo mi deseo.

El marido siguió rogando, pero no convenció a su mujer, que estaba más y
50 más desesperada por su doble nariz y tratando de apartar° al perro y al gato que   to push away
querían comerse la morcilla.

Cuando a la noche siguiente apareció el hada y le dijeron cuál era su último
deseo, les dijo:

—Ya veis cuán ciegos° y necios son los hombres creyendo que la satisfacción   blind
55 de sus deseos los hará felices. No está la felicidad en el cumplimiento° de los   realization
deseos, sino que está en no tenerlos; que rico es el que posee, pero feliz el que
nada desea.

# Vocabulario

añadir, agregar   to add
cuidar   to take care of
desperdiciar   to waste
Dios   God
disfrutar, gozar (de)   to enjoy

en lugar de, en vez de   instead of
el fuego   fire
la libra   pound
el marido, el esposo   husband
el matrimonio   married couple

la mujer, la esposa   wife
pobre   poor
tantos(as)   so many

tonto(a), necio(a)   dumb, stupid
el (la) vecino(a)   neighbor

## Palabras y más palabras

¿Qué palabra o palabras corresponden a lo siguiente?

1. añadir
2. Ser Supremo
3. esposo
4. en vez de
5. persona que no tiene dinero
6. esposa
7. necio
8. diez y seis onzas
9. persona que vive cerca de nuestra casa
10. hombre y mujer casados
11. muchos, muchos
12. gozar de

## Díganos...

1. ¿Qué hacía el matrimonio mientras estaba sentado junto al fuego?
2. ¿Qué le envidiaba el marido al tío Polainas?
3. ¿Qué le envidiaba la mujer a su vecina?
4. ¿Quién bajó por la chimenea y cómo era?
5. ¿Qué le concede el hada al matrimonio?
6. ¿Por qué no decidió el matrimonio inmediatamente lo que deseaba pedirle al hada?
7. ¿Qué vio el marido en la casa de los vecinos?
8. ¿Cómo desperdició la mujer el primer deseo?
9. ¿Por qué perdieron el segundo deseo?
10. ¿Qué querían hacer el perro y el gato?
11. ¿Cómo se sentía la mujer?
12. ¿Cuál fue el tercer deseo del matrimonio?

## Desde el punto de vista literario

Comente Ud...[1]

1. ¿Cómo presenta la autora el tema de la envidia en el cuento?
2. ¿Cree Ud. que el final del cuento es irónico? ¿Por qué?

## Composición

Si un hada le concediera tres deseos, ¿qué le pediría?

---

[1]Los conceptos literarios aparecen definidos en el apéndice, páginas 152–156.

# ROSA MONTERO
## (ESPAÑA: 1951–          )

Rosa Montero nació en Madrid, y en la universidad de esta ciudad hizo sus estudios de psicología y periodismo. En 1969 empezó a trabajar como periodista en publicaciones tan importantes como *Arriba, Pueblo* y *Mundo Diario*. Al mismo tiempo, colaboró en programas de televisión y trabajó como actriz de teatro. Ha tenido una larga asociación con el diario *El País*.

En el año 1978 ganó el Premio Mundo, concedido por el Círculo de Escritores Cinematográficos por su labor como guionista de cine; y en 1980, el Premio Nacional de Periodismo.

Además de sus reportajes, guiones y entrevistas, es autora de siete novelas; las más recientes son *El nido de los sueños* (1991) y *Bella y oscura* (1993). Su estilo sobresale por su brevedad, plasticidad e ironía, lo que hace que sus cuentos y novelas sean fáciles de llevar al cine.

## Preparación

Lea las dos primeras líneas del cuento para saber cuándo y dónde tiene lugar la acción. Haga una lista de los nombres, verbos y adjetivos que Ud. espera encontrar en una narración sobre un embotellamiento de tráfico.

# *El arrebato°*    *(Adaptado)*

| | |
|---|---|
| | rage |

Las nueve menos cuarto de la mañana. Semáforo en rojo, un rojo inconfundible°. Las nueve menos trece, hoy no llego. Embotellamiento de tráfico. Doscientos mil coches junto al tuyo. Tienes la mandíbula° tan tensa que entre los dientes aún está el sabor del café del desayuno. Miras al vecino. Está intolerablemente cerca. La
5  chapa de su coche casi roza° la tuya. Verde. Avanza°, imbécil. ¿Qué hacen? No arrancan°. No se mueven, los estúpidos. Están paseando, con la inmensa urgencia que tú tienes. Doscientos mil coches que salieron a pasear a la misma hora solamente para fastidiarte°. ¡Rojjjjjo! ¡Rojo de nuevo! No es posible. Las nueve menos diez. Hoy desde luego que no llego-o-o-o... El vecino te mira con odio.
10  Probablemente piensa que tú tienes la culpa° de no haber pasado el semáforo (cuando es obvio que los culpables° son los idiotas de delante). Tienes una premonición de catástrofe y derrota°. Hoy no llego. Por el espejo° ves cómo se acerca un chico en una motocicleta, zigzagueando entre los coches. Su facilidad te causa indignación, su libertad te irrita. Mueves el coche unos centímetros hacia el del
15  vecino, y ves que el transgresor está bloqueado. ¡Me alegro! Alguien pita° por detrás. Das un salto, casi arrancas. De pronto ves que el semáforo sigue aún en rojo. ¿Qué quieres, que salga con la luz roja, imbécil? De pronto, la luz se pone verde y los de atrás° pitan desesperadamente. Con todo ese ruido reaccionas, tomas el volante°, al fin arrancas. Las nueve menos cinco. Unos metros más allá
20  la calle es mucho más estrecha; sólo cabrá un coche°. Miras al vecino con odio. Aceleras. Él también. Comprendes de pronto que llegar antes que el otro es el objeto principal de tu existencia. Avanzas unos centímetros. Entonces, el otro

Glosses (right margin):
- inconfundible° — unmistakable
- mandíbula° — jaw
- roza° — rubs against / Avanza° — Move forward
- arrancan° — start
- fastidiarte° — bother you
- tú... tienes la culpa° — it's your fault
- culpables° — guilty
- derrota° — defeat / espejo° — mirror
- pita° — honks
- los de atrás° — the people behind
- volante° — steering wheel
- sólo cabrá un coche° — only one car will fit

coche te pasa victorioso. Corre, corre, gritas, fingiendo gran desprecio°: ¿adónde     scorn
vas, idiota?, tanta prisa para adelantarme sólo un metro... Pero la derrota duele. A
25  lo lejos ves una figura negra, una vieja que cruza la calle lentamente. Casi la atro-
pellas. "Cuidado, abuela", gritas por la ventanilla; estas viejas son un peligro, un
peligro. Ya estás llegando a tu destino, y no hay posibilidades de aparcar. De pronto
descubres un par de metros libres, un pedacito de ciudad sin coche: frenas, el
corazón° te late apresuradamente°. Los conductores de detrás comienzan a tocar la     heart / te... beats fast
30  bocina°: no me muevo. Tratas de estacionar, pero los vehículos que te siguen no te     tocar... to honk
lo permiten. Tú miras con angustia° el espacio libre. De pronto, uno de los coches     anguish
para y espera a que tú aparques. Tratas de retroceder, pero la calle es angosta y la
cosa está difícil. El vecino da marcha atrás para ayudarte, aunque casi no puede
moverse porque los otros coches están demasiado cerca. Al fin aparcas. Sales del
35  coche, cierras la puerta. Sientes una alegría infinita, una enorme gratitud° hacia el     gratefulness
anónimo vecino que se detuvo° y te permitió aparcar. Caminas rápidamente para     se... stopped
alcanzar al generoso conductor, y darle las gracias. Llegas a su coche; es un hombre de unos cincuenta años, de mirada° melancólica. Muchas gracias, le dices en     look
tono exaltado. El otro se sobresalta°, y te mira sorprendido. Muchas gracias,     se... jumps
40  insistes; soy el del coche azul, el que estacionó. El otro palidece°, y al fin contesta     turns pale
nerviosamente: "Pero, ¿qué quería usted? ¡No podía pasar por encima de° los     por... over
coches! No podía dar más marcha atrás". Tú no comprendes. "Gracias, gracias!"
piensas. Al fin murmuras: "Le estoy dando las gracias de verdad, de verdad..." El
hombre se pasa la mano por la cara, y dice: "Es que... este tráfico, estos nervios..."
45  Sigues tu camino, sorprendido, pensando con filosófica tristeza, con genuino
asombro°. ¿Por qué es tan agresiva la gente? ¡No lo entiendo!     amazement

(El País, *Madrid*)

# Vocabulario

aparcar, estacionar   to park
atropellar   to run over
la chapa, la placa (*Mex.*)   license plate
ciego(a)   blind
el (la) conductor(a)   driver
cruzar   to cross, to go across
¡Cuidado!   Look out!
dar marcha atrás, retroceder
   to back up

de pronto, de repente   suddenly
el embotellamiento de tráfico
   traffic jam
estrecho(a), angosto(a)   narrow
frenar   to brake
el odio   hatred
el peligro   danger
el semáforo   traffic light

## Palabras y más palabras

Complete lo siguiente usando las palabras del vocabulario.

1. El número de la _____ de mi coche es ZBT 523.
2. A las siete de la mañana es difícil conducir porque siempre hay _____.
3. Las luces del _____ son roja, amarilla y verde.

4. Cuando la luz está roja, debes _____ para evitar un accidente.
5. Un sinónimo de aparcar es _____.
6. Con la luz verde podemos _____ la calle.
7. Un sinónimo de estrecho es _____.
8. El _____ es lo opuesto del amor.
9. Al dar _____ atrás, el _____ del coche casi _____ a una señora.
10. Es un _____ manejar borracho (*drunk*).
11. ¡_____! ¡Ese hombre es ciego!
12. Estábamos sentados y de _____ él salió corriendo.

## Díganos...

1. ¿Cómo se describe aquí el embotellamiento de tráfico?
2. ¿Qué piensa el protagonista mientras espera la luz verde?
3. ¿Por qué envidia al chico que va en motocicleta?
4. ¿Qué pasa cuando el protagonista y otro conductor llegan a una calle estrecha al mismo tiempo?
5. ¿Cómo reacciona el protagonista cuando el otro coche le pasa, victorioso?
6. ¿Qué dice sobre la vieja que cruza la calle?
7. ¿Qué pasa cuando descubre un espacio para estacionar?
8. ¿Por qué es difícil estacionar y cómo ayuda el otro conductor al protagonista?
9. ¿Cómo reacciona el hombre cuando el protagonista le da gracias? ¿Por qué?
10. ¿A qué conclusión llega el protagonista?

## Desde el punto de vista literario

Comente Ud...[1]

1. ¿Cuál es el tema principal del artículo "El arrebato"?
2. ¿De qué modo nos hace la autora "participar" en la narración? Dé ejemplos.
3. ¿Por qué cree Ud. que la autora escribe este artículo con frases y oraciones muy cortas y sin ninguna separación de párrafos?
4. ¿Cree Ud. que hay ironía en el final del artículo? ¿Por qué?

## Composición

Imagínese que, al igual que el protagonista de "El arrebato" Ud. debe llegar a algún sitio a una hora determinada y se encuentra con un embotellamiento de tráfico.

Termine lo siguiente: Eran las siete y media cuando salí de casa y a las ocho tenía que estar en...

---

[1]Los conceptos literarios aparecen definidos en el apéndice, páginas 152–156.

## CAPÍTULO 4

# JORGE LUIS BORGES
## (ARGENTINA: 1899–1986)

Jorge Luis Borges, nacido en Argentina, es uno de los autores más destacados de la literatura hispana contemporánea.

Durante la década de los años veinte, Borges publica tres libros de poemas y tres libros de ensayos. Entre 1939 y 1953, produce sus cuentos más famosos y los publica en sus libros *Ficciones* (1944) y *El Aleph* (1949). En 1961 recibe el Premio Formentor y, después de esto, su obra se traduce a varios idiomas.

Un tema que aparece en muchos de sus cuentos es la relación entre la realidad y la fantasía, entre la vida y la ficción. En el cuento que presentamos a continuación, que aparece en su libro *Elogio de la sombra* (1969), Borges presenta como personajes a Caín y a Abel, que se encuentran en el desierto después de la muerte de este último a manos de su hermano.

## Preparación

Este relato está inspirado en el libro bíblico del Génesis, específicamente en los hijos de Adán y Eva, Abel y Caín. ¿Recuerda Ud. cómo muere Abel y por qué?

## *Leyenda*

Abel y Caín se encontraron después de la muerte de Abel. Caminaban por el desierto y se reconocieron desde lejos, porque los dos eran muy altos. Los hermanos se sentaron en la tierra, hicieron un fuego y comieron. Guardaban silencio, a la manera de la gente cansada cuando declina° el día. En el cielo asomaba°     draws to a close / appeared
5   alguna estrella que aún no había recibido su nombre. A la luz de las llamas Caín advirtió la marca de la piedra y dejó caer el pan que estaba por° llevarse a la boca     **estaba...** was about to
y pidió que le fuera perdonado su crimen.

Abel contestó:

—¿Tú me has matado o yo te he matado? Ya no recuerdo, aquí estamos jun-
10 tos como antes.

—Ahora sé que en verdad me has perdonado —dijo Caín—, porque olvidar es perdonar. Yo trataré también de olvidar.

Abel dijo, despacio:

—Así es. Mientras dura° el remordimiento° dura la culpa°.     lasts / remorse / guilt

## Vocabulario

**advertir (e → ie)**   to notice
**Así es.**   So it is.
**el cielo**   sky
**desde lejos**   from the distance
**despacio**   slowly
**la estrella**   star
**la frente**   forehead

**el fuego**   fire
**guardar silencio**   to remain silent
**la llama**   flame
**matar**   to kill
**la muerte**   death
**perdonar**   to forgive
**la piedra**   stone, rock

## Palabras y más palabras

Encuentre en la columna **B** las respuestas a las preguntas o afirmaciones de la columna **A**.

| A | B |
|---|---|
| 1. ¿Qué ves en el cielo? | a. Sí, y las llamas se ven desde lejos. |
| 2. ¿Qué dicen? | |
| 3. ¿Hacen fuego? | b. En la frente. |
| 4. ¿Dónde tiene la marca de la piedra? | c. Así es. |
| 5. ¿Qué sabes sobre la muerte de tu tío? | d. Nada. Guardan silencio. |
| 6. Olvidar es perdonar... | e. Es porque le duelen los pies. |
| 7. Camina muy despacio. | f. Muchas estrellas. |
| 8. ¿Tú crees que él va a advertir que la clase es larga? | g. ¡Sí, porque dura cuatro horas! |
| | h. Que lo mataron anoche. |

## Díganos...

1. ¿Dónde y cuándo se encontraron Abel y Caín?
2. ¿Por qué se reconocieron desde lejos?
3. ¿Dónde se sentaron los hermanos y qué hicieron?
4. ¿Hablaban?
5. ¿Qué advirtió Caín a la luz de las llamas?
6. ¿Quién le pidió perdón a quién?
7. ¿Cómo supo Caín que Abel lo había perdonado?
8. Según Abel, ¿qué pasa mientras dura el remordimiento?
9. ¿Hizo bien Abel en perdonar a su hermano?
10. Caín dijo que "olvidar es perdonar". ¿Está Ud. de acuerdo con esa idea?

## Desde el punto de vista literario

Comente Ud...[1]

1. ¿Cuál es el tema de este cuento?
2. ¿Qué sabe Ud. del ambiente en el que se desarrolla el cuento?
3. ¿Qué lenguaje usa el autor?
4. ¿Desde qué punto de vista está narrado el cuento?

## Composición

Escriba una composición de unas 150 palabras sobre la importancia del perdón. Dé ejemplos.

---

[1]Los conceptos literarios aparecen definidos en el apéndice, páginas 152–156.

## PABLO DE LA TORRIENTE BRAU
## (PUERTO RICO: 1901–1936)

Torriente Brau nació en Puerto Rico, pero vivió la mayor parte de su vida en Cuba. Aunque la obra narrativa de Pablo de la Torriente Brau tuvo un éxito desigual, se ven en ella los comienzos de un cuentista verdaderamente brillante. Sus escritos son ágiles, líricos a veces, y generalmente revelan un sano sentido del humor.

Publicó once de sus narraciones en el libro *Batey.* En 1940 se publicó su novela titulada *Historia del soldado desconocido cubano.*

## Preparación

Al leer el cuento por primera vez, haga una lista de lo siguiente.

1. los acontecimientos (*events*)
2. los personajes del cuento y la relación que existe entre ellos

Al leer el cuento por segunda vez, fíjese en los pensamientos y en las emociones de los personajes.

# Último acto    *(Adaptado)*

En el patio, entre las palmas, el hombre esperaba. La noche negra y silenciosa lo cubría todo. Su traje de *overall* azul oscuro lo convertía en sombra°. Sus brazos poderosos°, manchados por la grasa°, casi no se veían. Estaba inmóvil. Esperaba.

    Aquél era su patio y aquélla era su casa, pero en la medianoche llena de frío
5 él esperaba. Dentro del bolsillo, su mano ruda° de hombre de las máquinas estrujaba° el papel, encontrado sobre una mesa de la oficina hacía apenas una hora, cuando fue a hablar con el Ingeniero Jefe. Había visto una carta dirigida° a su mujer, abandonada sobre la mesa, la había cogido y ahora estaba detrás de la palma, a la hora de la cita trágica. El papel decía: "Esta noche está de guardia° en
10 la casa de máquinas tu marido y a las doce iré a verte..." Era el Administrador quien lo firmaba. Él sólo había tenido tiempo para correr a su casa y esconderse en el fondo° del patio. Todavía estaba lleno de sorpresa, de rabia y de humillación.

    Poco antes° de las doce apareció el otro. Con cuidados infinitos saltó la cerca°. Estuvo un rato escuchando los rumores de la noche, el estruendo° de su corazón
15 precipitado°... (Desde detrás de la palma los ojos que lo espiaban° llegaron a esta conclusión: "Es un cobarde...") Fue avanzando con cuidado y llegó hasta la misma palma... Es extraño, pero no percibió al enemigo, y sin embargo°, sólo la palma los separaba.

    Fue todo muy rápido, eléctrico. La mano del hombre de las máquinas apretó
20 su garganta°, dejándolo instantáneamente sin sentido°. El hombre de las máquinas, rudo y violento, no tuvo la paciencia que se había propuesto° y ahora estaba a su lado, contemplando su mano llena de sangre°. Así estuvo un rato inmóvil, cuando pensó: "Si no pude hablar con él, voy a hablar con ella". Se dirigió hacia° la casa. Iba con la silenciosa e invisible velocidad de un gato negro.

*Glosses (right margin):*

shadow
powerful / grease

rough
squeezed
addressed

**de...** on duty

back

**Poco...** A little before / fence
sound
rapid / were spying on

**sin...** nevertheless

throat / **sin...** unconscious
**se...** had intended to have
blood

**Se...** He went toward

25  Cerca de la puerta, se detuvo°. Un raro° miedo lo paralizaba. Por un momento       **se...** stopped / strange
sintió la extraña emoción perturbadora° de que él era en realidad el amante°, que       disturbing / lover
era a él a quien ella esperaba.

Pero llegó a la puerta. Se puso a escuchar y no se oía nada. Hizo una suave°          gentle
presión° sobre la puerta, pensando: "¡Lo esperaba!..." y la rabia le hizo abrir la     pressure
30  puerta de un golpe...

Pero, antes de poder entrar, sintió el balazo° y la voz de ella que decía:            shot
"Canalla°, te lo dije..."                                                              Scoundrel

A su "¡Ah!" de dolor y de sorpresa siguió el silencio. Luego, cuando encendió
la luz, él vio su cara llena de un dolor infinito. Estaba arrodillada° a su lado y      kneeling
35  decía: "¿Por qué, por qué?..." sin comprender nada todavía... Pero su rostro°        face
comenzaba a ser alegre, alegre, como la cara de un niño que mejora°.                   is improving

Más que el disparo°, la angustia° de la voz le disipaba todas las sospechas°.         shot / anguish / suspicions
Avergonzado y feliz le dio el papel, sin decir una palabra. Y ella lo vio y le gritó:
"¿Pero lo leíste todo? ¿Viste lo mío, lo que le contesté?" Y, desdoblando° el papel    unfolding
40  le dijo: "Mira, mira..."

El hombre leyó el papel que decía, con la letra de ella: "Canalla, si se atreve a
venir, lo mato."

Y la cara del hombre se iba poniendo cada vez más pálida, pero cada vez era
más alegre su sonrisa bajo el llanto inconsolable de la mujer arrodillada...

# Vocabulario

**apenas**  barely
**avergonzado(a)**  ashamed
**el bolsillo**  pocket
**la cita**  date, appointment
**el (la) cobarde**  coward
**coger, agarrar**  to take, to grasp
**con cuidado, cuidadosamente**  carefully
**detrás (de)**  behind

**el dolor**  pain
**encender (e → ie)**  to turn on
**esconder(se)**  to hide (oneself)
**escuchar**  to listen (to)
**gritar**  to shout, to yell
**la rabia, la furia**  rage, fury
**saltar**  to jump (over)

## Palabras y más palabras

Busque en la columna **B** las respuestas a las preguntas de la columna **A**.

| A | B |
|---|---|
| 1. ¿Dónde pusiste el dinero? | a. El martes. |
| 2. ¿Dónde se escondió? | b. Saltó la cerca. |
| 3. ¿Por qué gritó? | c. Porque quiero escuchar música. |
| 4. Iban con mucho cuidado, ¿no? | d. Porque tenía mucho dolor. |
| 5. ¿Cuándo es la cita? | e. Porque me dio rabia lo que hizo. |
| 6. ¿Por qué está tan avergonzado? | f. Sí, porque apenas veían. |
| 7. ¿Cómo entró? | g. En mi bolsillo. |

8. ¿Por qué enciendes la radio?
9. ¿Por qué le dijiste eso?
10. ¿Cogiste el dinero?

h. Porque actuó como un cobarde.
i. Sí, estaba en la mesa.
j. Detrás de la palma.

## Díganos...

1. ¿Dónde esperaba el hombre?
2. ¿Qué tenía en el bolsillo?
3. ¿Qué fue a hacer a la oficina del Ingeniero Jefe?
4. ¿Qué es lo que vio encima de la mesa?
5. ¿Qué decía el papel?
6. ¿Qué le hizo el hombre al Administrador?
7. ¿Cómo caminaba el hombre hacia la casa?
8. ¿Qué es lo que siente cuando está en la puerta?
9. ¿De qué manera entra en la casa?
10. ¿Sabía la mujer que era su esposo el que había entrado en la casa?
11. ¿Qué le dice la mujer al arrodillarse a su lado?
12. ¿Qué le contestó la mujer al Administrador en la nota?
13. ¿Qué le pasa al hombre al final?

## Desde el punto de vista literario

Comente Ud...[1]

1. Estudiando con cuidado el uso de los adjetivos, diga cómo contribuyen éstos al ambiente del cuento "Último acto".
2. ¿Cómo logra el autor el suspenso en el cuento?
3. ¿Puede Ud. indicar dónde se encuentra el punto culminante del cuento?
4. ¿Puede Ud. indicar en qué consiste la ironía del cuento?

## Composición

Escriba uno o dos párrafos, explicando lo que un hombre y su esposa deben hacer para evitar una tragedia como ésta.

---

[1]Los conceptos literarios aparecen definidos en el apéndice, páginas 152–156.

## REINALDO ARENAS
## (CUBA: 1943–1990)

Reinaldo Arenas es una de las figuras más conocidas de la nueva narrativa latinoamericana. Leído internacionalmente, sus obras se han traducido a muchos idiomas. Ha publicado las novelas *Celestino antes del alba* (1967), *El mundo alucinante* (1969) y *El palacio de las blanquísimas mofetas* (1980).

Arenas es un prosista de gran capacidad poética, que siempre lleva al lector de lo real a lo fantástico. A continuación aparece su cuento "Con los ojos cerrados", de la colección *Termina el desfile*.

## Preparación

Ud. acaba de leer que la prosa de Reinaldo Arenas "lleva al lector de lo real a lo fantástico". Teniendo en cuenta esto y el hecho de que el protagonista es un niño de ocho años, ¿qué cosas cree Ud. que un niño puede ver con los ojos cerrados?

# Con los ojos cerrados    *(Adaptado)*

A usted sí se lo voy a decir, porque sé que si se lo cuento a usted no se va a reír ni me va a regañar°. Pero a mi madre no. A mamá no le voy a decir nada, porque si lo hago me va a regañar. Y, aunque es casi seguro que ella probablemente tiene la razón, no quiero oír ningún consejo.     *scold*

5    Por eso°. Porque sé que usted no me va a decir nada, se lo digo todo, pero no se lo cuente a mamá.     *That's why*

Como solamente tengo ocho años voy todos los días a la escuela. Y aquí empieza la tragedia, pues debo levantarme muy temprano —cuando el gallo que me regaló la tía Ángela ha cantado dos veces— porque la escuela está bastante°     *quite*
10 lejos.

A eso de las seis de la mañana empieza mamá a pelearme° y decirme que me     *to nag me* tengo que levantar y ya a las siete estoy sentado en la cama y estrujándome° los     *rubbing* ojos. Entonces todo lo tengo que hacer corriendo: ponerme la ropa corriendo, llegar corriendo hasta la escuela y entrar corriendo en la fila° pues ya han tocado     *line*
15 el timbre° y la maestra está parada° en la puerta.     *bell / standing*

Pero ayer fue diferente porque la tía Ángela debía irse para Oriente y tenía que coger el tren antes de las siete. Y se formó un alboroto° enorme en la casa porque     *uproar* todos los vecinos vinieron a despedirla. Con aquel escándalo tuve que despertarme y, como estaba despierto, me decidí a levantarme. Salí en seguida para la
20 escuela, aunque todavía era bastante temprano.

Hoy no tengo que ir corriendo, me dije. Y empecé a andar muy despacio. Y cuando fui a cruzar la calle me tropecé con un gato que estaba acostado en la acera. —Buen lugar escogiste para dormir —le dije, y lo toqué con el pie. Pero no se movió. Entonces me arrodillé° junto a él y pude ver que estaba muerto. Qué     **me...** I knelt down
25 lástima, porque era un gato grande y de color amarillo que seguramente no tenía ningún deseo de morirse. Seguí andando.

Como todavía era temprano, fui hasta la dulcería porque, aunque está lejos de la escuela, hay siempre dulces frescos y sabrosos°. En esta dulcería hay también dos viejitas paradas en la entrada con las manos extendidas°, pidiendo limosnas°...
30 Un día yo le di un medio[1] a cada una, y las dos me dijeron al mismo tiempo: "Dios te haga un santo". Eso me hizo reír. Desde entonces, cada vez que paso por allí, me miran con sus caras de pasas° y no me queda más remedio que° darles un medio a cada una. Pero ayer no pude darles nada porque hasta la peseta[2] de la merienda la gasté en tortas de chocolate. Y por eso salí por la puerta de atrás y así
35 las viejitas no me vieron.

Ahora sólo tenía que cruzar el puente, caminar dos cuadras y llegar a la escuela.

En ese puente me paré un momento porque oí un enorme alboroto allá abajo, en la orilla° del río. Cuando miré, vi que un grupo de muchachos tenía atrapada
40 una rata de agua en un rincón° y le gritaban y le tiraban° piedras. La rata corría de un extremo a otro del rincón pero no se podía escapar. Por fin, uno de los muchachos cogió un pedazo de bambú y golpeó a la rata hasta matarla. Los muchachos la tiraron hasta el centro del río. La rata muerta siguió flotando hasta perderse en la corriente.
45 Los muchachos se fueron con el alboroto hasta otro rincón del río y yo también empecé a andar.

Caramba —me dije—, qué fácil es caminar sobre el puente. Se puede hacer hasta con los ojos cerrados, pues a un lado tenemos las rejas° que no lo dejan a uno caer al agua, y del otro, la acera. Y para comprobarlo° cerré los ojos y seguí
50 caminando. Y no se lo diga usted a mi madre, pero con los ojos cerrados uno ve muchas cosas, y hasta mejor que si los tiene abiertos... Lo primero que vi fue una gran nube amarilla que brillaba° unas veces más fuerte que otras, igual que el sol cuando se va cayendo entre los árboles. Entonces apreté los párpados° y la nube roja se volvió de color azul. Pero no solamente azul, sino verde. Verde y morada.
55 Morada brillante como un arco iris°.

Y, con los ojos cerrados, empecé a pensar en las calles y en las cosas mientras caminaba. Y vi a mi tía Ángela saliendo de la casa. Pero no con el vestido rojo que siempre se pone cuando va para Oriente, sino con un vestido largo y blanco.

Y seguí andando. Y me tropecé de nuevo con el gato en la acera. Pero esta vez,
60 cuando lo toqué con el pie, dio un salto° y salió corriendo. Salió corriendo el gato amarillo y brillante porque estaba vivo y se asustó° cuando lo desperté.

Seguí caminando, con los ojos desde luego bien cerrados. Y así fue como llegué hasta la dulcería. Pero como no podía comprarme ningún dulce pues ya había gastado hasta la última peseta de la merienda, me contenté con mirarlos a
65 través de la vidriera°. Y estaba así, mirándolos, cuando oigo dos voces detrás del mostrador° que me dicen: "¿No quieres comer algún dulce?" Y cuando levanté la cabeza vi que las dependientas° eran las dos viejitas que siempre estaban pidiendo limosnas a la entrada de la dulcería. No supe qué decir. Pero ellas parece que adivinaron mis deseos y sacaron una torta grande y casi colorada hecha de chocolate
70 y de almendras°. Y me la pusieron en las manos.

_____
[1] five cents (*Cuba*)

[2] twenty cents (*Cuba*)

Y yo me volví loco° de alegría con aquella torta tan grande, y salí a la calle.    **me...** I went crazy

Cuando iba por el puente con la torta entre las manos, oí otra vez el escándalo de los muchachos. Y (con los ojos cerrados) los vi allá abajo, nadando rápidamente hasta el centro del río para salvar una rata de agua, pues la pobre parece
75 que estaba enferma y no podía nadar.

Los muchachos sacaron° la rata del agua y la depositaron sobre una piedra    took out
para que se secara al sol. Entonces fui a llamarlos para invitarlos a comer todos
juntos la torta de chocolate.

De veras que los iba a llamar. Levanté las manos con la torta encima para
80 mostrársela y todos vinieron corriendo. Pero entonces, "puch", me pasó el camión casi    **me...** the truck almost ran
por arriba° en medio de la calle que era donde, sin darme cuenta, me había parado.    over me

Y aquí me ve usted: con las piernas blancas por el esparadrapo° y el yeso°. Tan    adhesive tape / cast
blancas como las paredes de este cuarto, donde sólo entran mujeres vestidas de
blanco para darme un pinchazo° o una pastilla° también blanca.    shot / pill

85 Y no crea que lo que le he contado es mentira°. No piense que porque tengo    lie
un poco de fiebre y a cada rato me quejo del dolor en las piernas, estoy diciendo
mentiras, porque no es así. Y si usted quiere comprobar si fue verdad, vaya al
puente, que seguramente debe estar todavía, en el medio de la calle, sobre el
asfalto, la torta grande y casi colorada, hecha de chocolate y almendras, que me
90 regalaron las dos viejitas de la dulcería.

# Vocabulario

| | |
|---|---|
| **la acera**  sidewalk | **fuerte**  strong |
| **adivinar**  to guess | **el gallo**  rooster |
| **el consejo**  advice | **gastar**  to spend (money) |
| **darse cuenta**  to realize | **la nube**  cloud |
| **de nuevo, otra vez**  again | **el puente**  bridge |
| **la dulcería, la pastelería** | **el río**  river |
| confectioner's shop | **secar(se)**  to dry (oneself) |
| **escoger, elegir** (e → i)  to choose | **vivo(a)**  alive |

## Palabras y más palabras

Complete lo siguiente usando las palabras del vocabulario.

1. Yo _____ mucho dinero ayer. Compré muchos dulces en la _____.
2. Me di _____ de que el gato no estaba muerto; estaba _____.
3. Necesito una toalla para _____.
4. Me desperté cuando cantó el _____.
5. Parece que va a llover. Hay muchas _____ grises.
6. Para cruzar el río, tenemos que pasar el _____.
7. No sé cuántos años tiene, pero lo puedo _____.
8. Hablé con el profesor, quien de _____ me dio buenos _____.
9. Ella tiene que _____ entre un hombre inteligente y un hombre fuerte.
10. Debes caminar por la _____ y no por el medio de la calle.

## Díganos...

1. ¿Qué debe hacer el niño todas las mañanas?
2. ¿Qué fue lo que interrumpió la rutina del niño?
3. ¿Qué encontró el niño cuando iba camino de la escuela?
4. ¿Qué sabe Ud. sobre las dos viejitas que están siempre a la entrada de la dulcería?
5. ¿Qué vio el niño desde el puente?
6. ¿Qué fue lo primero que vio el niño cuando cerró los ojos?
7. ¿Qué pasó la segunda vez que el niño vio al gato?
8. ¿Por qué estaba muy contento el niño cuando salió de la dulcería?
9. Cuando el niño tenía los ojos cerrados, ¿qué hicieron los muchachos con la rata?
10. ¿Qué le pasó al niño cuando estaba parado en medio de la calle?
11. ¿Dónde está el niño ahora?
12. Según el niño, ¿cómo podemos comprobar que él no está mintiendo?

## Desde el punto de vista literario

Comente Ud...[3]

1. ¿Desde qué punto de vista está narrado el cuento "Con los ojos cerrados"?
2. Dé Ud. ejemplos de cómo usa Reinaldo Arenas los colores.
3. ¿Qué imágenes usa el autor para hacernos saber que el niño está en el hospital?
4. ¿Qué diferencias hay entre la realidad y lo que el niño "ve" con los ojos cerrados?

## Composición

Imagine que, al igual que el niño del cuento de Arenas, Ud. cierra los ojos para "ver", no la realidad, sino lo que Ud. desea ver, y escriba una composición diciéndonos qué cosas cambiaría Ud. Para ello, siga los siguientes pasos.

1. Describa la realidad:
   a.  en relación con su familia y amigos
   b.  en relación con sus estudios o su trabajo
   c.  en relación con algunos problemas sociales
2. Describa lo que Ud. "ve" con los ojos cerrados.
3. Para concluir, diga lo que Ud. puede hacer para lograr los cambios que Ud. desea.

---

[3]Los conceptos literarios aparecen definidos en el apéndice, páginas 152–156.

## CAPÍTULO 5

## GREGORIO LÓPEZ Y FUENTES
## (MÉXICO: 1897–1966)

Gregorio López y Fuentes nació en la región de Veracruz, donde su padre era agricultor. Fue aquí donde el escritor se familiarizó con los tipos campesinos que después aparecieron en sus cuentos y novelas.

López y Fuentes escribió varias novelas sobre distintos aspectos de la vida mexicana. De ellas, las dos mejores son: *Tierra* (1932), sobre la vida de Emiliano Zapata,[1] y *El Indio* (1935), que es una especie de síntesis de la historia de México y con la cual el escritor ganó el Premio Nacional de Literatura. En su colección de cuentos, *Cuentos campesinos de México* (1940), el escritor recuerda episodios de su juventud. En ellos el autor muestra un gran interés por la psicología y las costumbres de los personajes que presenta.

## Preparación

Fíjese en el título del cuento. ¿Qué le sugiere a Ud.? ¿Qué tipo de persona le escribe una carta a Dios? ¿Cuál cree Ud. que va a ser el tema principal del cuento?

## *Una carta a Dios*  (*Adaptado*)

Desde la casa —única° en todo el valle— se veían los campos, el río y el maíz ya a punto de brotar°... Lo único que necesitaba la tierra era una lluvia, por lo menos un fuerte aguacero.

Durante la mañana, Lencho no había hecho más que° examinar el cielo por el
5  noreste.

—Ahora sí que viene el agua, vieja.

Y la vieja, que preparaba la comida, le respondió.

—Dios lo quiera.

Los muchachos más grandes arrancaban las hierbas de entre la siembra°,
10  mientras que los más pequeños corrían cerca de la casa, hasta que la mujer les gritó a todos:

—Vengan a comer...

Fue durante la comida cuando, como lo había asegurado Lencho, comenzaron a caer gruesas° gotas° de lluvia. Por el noreste se veían avanzar grandes
15  montañas de nubes. El aire olía a jarro° nuevo.

—Hagan de cuenta, muchachos, —exclamaba el hombre— que no son gotas de agua las que están cayendo; son monedas nuevas: las gotas grandes son de a diez y las gotas chicas son de a cinco...[2]

Y miraba, satisfecho, el maíz y el frijol a punto de brotar. Pero de pronto,
20  comenzó a soplar° un fuerte viento y con las gotas de agua comenzaron a caer granizos tan grandes como bellotas°. Ésos sí que parecían monedas de plata

*the only one*
*to come out*

*no... had done nothing but*

*sown field*

*thick, big / drops*
*olía... smelled like earthen jug*

*to blow*

[1]Líder de la Reforma Agraria durante la Revolución Mexicana.

[2]**las gotas grandes... a cinco...** the large drops are ten-*centavo* coins and the small drops, five-*centavo* coins . . .

nuevas. Los muchachos, exponiéndose a la lluvia, corrían y recogían las perlas
heladas° de mayor tamaño.    *frozen*

—Esto sí que está muy malo —exclamaba mortificado el hombre—; ojalá que
25 pase pronto...

No pasó pronto. Durante una hora, el granizo apedreó° la casa, la huerta°,    *stoned / orchard*
el monte, el maíz y todo el valle. El campo estaba tan blanco que parecía una
salina°. Los árboles, deshojados. El maíz, hecho pedazos°. El frijol, sin una flor.    *salt marsh / **hecho...** torn to pieces / soul / storm*
Lencho, con el alma° llena de tribulaciones. Pasada la tormenta°, les decía a sus
30 hijos:

—El granizo no ha dejado nada: ni una sola mata de maíz dará una mazorca°,    *ear of corn*
ni una mata de frijol dará una vaina°...    *pod*

La noche fue de lamentaciones:

—¡Todo nuestro trabajo perdido!
35 —¡Y ni a quién pedir ayuda!

—Este año vamos a pasar hambre...

Pero muy en el fondo° espiritual de todos los que vivían en aquella casa soli-    *depth*
taria en mitad del valle, había una esperanza: la ayuda de Dios.

—No se preocupen tanto, aunque el mal es muy grande. ¡Recuerden que
40 nadie se muere de hambre!

—Eso dicen: nadie se muere de hambre...

Esa noche, Lencho pensó mucho en lo que había visto en la iglesia del pueblo
los domingos: un triángulo y dentro del triángulo un ojo, un ojo que parecía muy
grande, un ojo que, según le habían explicado, lo mira todo, hasta lo que está en
45 el fondo de las conciencias.

Lencho era un hombre rudo° pero sin embargo sabía escribir. Ya con la luz del    *coarse*
día y aprovechando la circunstancia de que era domingo, se puso a escribir una
carta que él mismo llevaría al pueblo para echarla al correo.

Era nada menos que una carta a Dios.
50 "Dios —escribió—, si no me ayudas voy a pasar hambre con todos los míos,
durante este año: necesito cien pesos para volver a sembrar° y vivir mientras viene    *to sow*
la otra cosecha, pues el granizo..."

Escribió en el sobre "A Dios", puso la carta en él, y aún preocupado, se fue
para el pueblo. En la oficina de correos, le puso un timbre° a la carta y echó ésta    *stamp*
55 en el buzón.

Un empleado del correo llegó riendo ante su jefe: le mostraba nada menos que
la carta dirigida a Dios. Nunca en su existencia de cartero había conocido ese
domicilio°. El jefe de la oficina también se rio, pero pronto se le plegó el entre-    *address*
cejo° y, mientras daba golpecitos en su mesa con la carta, comentaba:    ***se...** he frowned*
60 —¡La fe! ¡Quién tuviera° la fe de quien escribió esta carta! ¡Creer como él    ***Quién...** I wish I had*
cree! ¡Esperar con la confianza con que él sabe esperar! ¡Escribirle a Dios!

Y, para no defraudar° aquel tesoro de fe, descubierto a través de una carta que    *disappoint*
no podía ser entregada°, él tuvo una idea: contestar la carta. Pero una vez abierta,    *delivered*
vio que contestar necesitaba algo más que buena voluntad°, tinta° y papel. No por    *will / ink*
65 ello se dio por vencido: le exigió° a su empleado una contribución, él puso parte    *demanded*
de su sueldo y a varias personas les pidió dinero "para una buena obra°".    *work*

Fue imposible para él reunir los cien pesos solicitados por Lencho, y se con-
formó con enviarle al campesino° por lo menos lo que había reunido: algo más de    *farmer*

la mitad. Puso los billetes en un sobre dirigido a Lencho y con ellos un papel que
70 no tenía más que una palabra, a manera de firma: DIOS.

Al siguiente domingo Lencho llegó a preguntar, más temprano que nunca, si
había alguna carta para él. Fue el mismo cartero quien le entregó la carta mientras
que el jefe, con la alegría de quien ha hecho una buena acción, espiaba desde su
despacho.

75 Lencho no mostró la menor sorpresa al ver los billetes —tanta era su
seguridad— pero hizo un gesto de ira al contar el dinero... ¡Dios no podía haberse
equivocado°, ni negar lo que se le había pedido!     **haberse...** have made a mistake

Inmediatamente, Lencho se acercó a la ventanilla para pedir papel y tinta y
empezó a escribir, con gran esfuerzo. Al terminar, fue a pedir un timbre que mojó
80 con la lengua° y luego puso en el sobre.     tongue

En cuanto la carta cayó al buzón, el jefe de correos fue a buscarla. Decía:

"Dios: Del dinero que te pedí, sólo llegaron a mis manos sesenta pesos.
Mándame el resto, que me hace mucha falta; pero no por correo, porque los
empleados son muy ladrones. —Lencho."

# Vocabulario

| | |
|---|---|
| **a punto de**   about to | **el granizo**   hail, hailstone |
| **el aguacero**   heavy shower | **hacer de cuenta**   to pretend |
| **el buzón**   mailbox | **el (la) ladrón(ona)**   thief |
| **el cartero**   mailcarrier | **la mitad**   half |
| **el cielo**   sky | **negar (e → ie)**   to refuse |
| **la cosecha**   harvest | **pasar hambre**   to go hungry |
| **darse por vencido(a)**   to give up | **el sobre**   envelope |
| **la esperanza**   hope | |

## Palabras y más palabras

Busque en la columna **B** las respuestas a las preguntas de la columna **A**.

| A | B |
|---|---|
| 1. ¿Pusiste la carta en el sobre? | a. Sí, tendrán que pasar hambre. |
| 2. ¿Vino un aguacero? | b. No, sólo la mitad. |
| 3. ¿Se perdió la cosecha? | c. El cartero. |
| 4. ¿Se dieron por vencidos? | d. No, se negó a hacerlo. |
| 5. ¿Quién fue el ladrón? | e. Sí, estaba a punto de salir. |
| 6. ¿Se fue? | f. Sí, y la eché en el buzón. |
| 7. ¿Quieres todo el pastel? | g. Con el cielo. |
| 8. ¿Hizo el trabajo? | h. No, no perdieron las esperanzas. |
| 9. ¿Creían en Dios? | i. Sí, pero voy a hacer de cuenta que está aquí. |
| 10.¿Con qué asocia el color azul? | j. Sí, y después cayó granizo. |
| 11.¿Estaba listo? | k. Sí, tenían mucha fe. |

## Díganos...

1. ¿Qué se veía desde la casa de Lencho?
2. ¿Qué necesitaba la tierra?
3. ¿Qué estaban haciendo Lencho y su familia antes de ir a almorzar?
4. ¿Qué representaban las gotas de agua para Lencho?
5. Al principio, Lencho está muy contento con la lluvia, pero ¿qué pasa después?
6. ¿Cómo quedó el campo después del granizo?
7. ¿Cuál era la situación de Lencho y su familia y cuál era su única esperanza?
8. ¿A quién le escribió Lencho y qué le pidió?
9. ¿Qué hizo el jefe de correos después de leer la carta de Lencho?
10. ¿Qué le dice Lencho a Dios en su segunda carta?

## Desde el punto de vista literario

Comente Ud...[3]

1. En el cuento "Una carta a Dios", ¿qué simboliza la lluvia al principio del cuento y qué simboliza después del granizo?
2. Señale algunas de las imágenes que usa Gregorio López y Fuentes para ambientar el cuento.
3. ¿Cómo es el lenguaje de "Una carta a Dios"?
4. ¿Cuál es el personaje central de "Una carta a Dios"?
5. En el cuento de López y Fuentes hay dos situaciones irónicas: ¿cuáles son?

## Composición

Escriba una breve composición terminando con lo siguiente: Yo tengo fe en...

---

[3]Los conceptos literarios aparecen definidos en el apéndice, páginas 152–156.

## A N A   M A R Í A   M A T U T E
### ( E S P A Ñ A :   1 9 2 6 –            )

Ana María Matute es una de las novelistas españolas más famosas de nuestra época. Nació en Barcelona en el año 1926, y comenzó a escribir desde muy joven; a los diecisiete años ya había terminado su primera obra, *Pequeño teatro*, que más que una novela es un cuento largo.

Su producción literaria es muy amplia y variada; entre sus novelas podemos citar, *Los Abel* (1948) y *Primera memoria* (1961), y entre sus colecciones de cuentos *Historias de la Artámila* (1961) y *El arrepentido* (1967). Ana María Matute ha recibido numerosos premios, entre ellos el Premio Planeta, el Premio Nacional de Literatura, el Premio Nadal y el Premio Lazarillo.

El estilo de esta escritora es poético y vigoroso. La atmósfera de muchos de sus cuentos y novelas es trágica, y sus temas frecuentes son la incomunicación y la mezcla de amor y odio en las relaciones humanas.

## Preparación

Lea el primer párrafo y note cómo la autora ya presenta en él la situación de la protagonista. ¿Quién causa esa situación? ¿Qué está dispuesta a hacer la protagonista para terminar con esa situación? Teniendo esto en cuenta, ¿qué cree Ud. que va a pasar?

# *La conciencia*

Ya no podía más°. Estaba convencida de que no podría resistir más tiempo la presencia de aquel odioso vagabundo. Estaba decidida a terminar. Acabar de una vez°, por malo que fuera, antes de soportar su tiranía.

Llevaba quince días en aquella lucha°. Lo que no comprendía era la tolerancia
5 de Antonio para con° aquel hombre. No: verdaderamente, era extraño.

El vagabundo pidió hospitalidad° por una noche: la noche del Miércoles de ceniza°, exactamente, cuando el viento azotaba° los vidrios de la ventanas. Luego, el viento cesó, y ella pensó, mientras cerraba y ajustaba los postigos°:

—No me gusta esta calma.
10    No había echado aún el pasador de la puerta° cuando llegó aquel hombre. Oyó su llamada en la puertecilla de la cocina:

—Posadera°...

Mariana tuvo un sobresalto. El hombre, viejo y andrajoso°, estaba allí, con el sombrero en la mano, en actitud de mendigar°.
15    —Dios la ampare°... —empezó a decir. Pero los ojillos del vagabundo la miraban de un modo extraño, que le cortó las palabras.

Muchos hombres como él pedían hospitalidad en las noches de invierno. Pero algo había en aquel hombre que la atemorizó° sin motivo.

El vagabundo pedía que lo dejaran dormir en la cuadra° "por una noche; un
20 pedazo de pan y la cuadra": no pedía más. Se anunciaba la tormenta...

—Estoy sola, y cuando mi marido está por los caminos no quiero gente desconocida en casa. Vete, y que Dios te ampare.

*(marginal glosses)*

Ya... I couldn't stand it any longer.

de... once and for all

struggle

para... toward

lodging

Miércoles... Ash Wednesday / lashed / shutters

pasador... door bolt

Madame innkeeper
ragged
begging
Dios... May God protect you

scared

stable

Pero el vagabundo se estaba quieto°, mirándola. Dijo:

—Soy un pobre viejo, posadera. Nunca le hice mal a nadie. Pido bien poco:
25 un pedazo de pan...

En aquel momento las dos criadas, Marcelina y Salomé, entraron corriendo.
Mariana sintió un raro alivio° al verlas.

—Bueno —dijo—. Está bien... Pero sólo por esta noche. Que mañana cuando
me levante no te encuentre aquí...

30 El viejo se inclinó, sonriendo, y dijo "gracias". Mariana subió la escalera y fue
a acostarse.

A las ocho de la mañana siguiente, bajó a la cocina. Al entrar se quedó sor-
prendida e irritada. Sentado a la mesa, tranquilo y reposado, el vagabundo
desayunaba: huevos fritos, un gran trozo de pan tierno°, vino... Mariana sintió ira
35 y temor, y se encaró con° Salomé.

—¡Salomé! ¿Quién te ordenó darle a este hombre... y cómo no se ha marchado
al alba°?

Sus palabras se cortaban, por la rabia que la dominaba.

—Pero yo... —dijo Salomé—. Él me dijo...

40 El vagabundo se había levantado y con lentitud se limpiaba los labios contra
la manga°.

—Señora —dijo—, señora, usted no recuerda... usted dijo anoche: "Que
le den al pobre viejo una cama en el altillo°, y que le den de comer cuanto pida.
¿No lo dijo anoche la señora posadera? Yo lo oí bien claro... ¿O está arrepentida
45 ahora?

Mariana quiso decir algo, pero no pudo. El viejo la miraba intensamente. Ella
dio media vuelta, y salió hacia el huerto°.

El día amaneció gris, pero la lluvia había cesado°. Mariana se estremeció° de frío.
Oyó detrás de ella la voz del viejo y, sin querer, apretó las manos una contra otra.

50 —Quisiera hablarle de algo, señora posadera... Algo sin importancia.

Mariana siguió inmóvil, mirando hacia la carretera.

—Yo soy un viejo vagabundo... pero a veces, los viejos vagabundos se enteran
de las cosas. Sí: yo estaba *allí. Yo lo vi, con estos ojos...*

Mariana abrió la boca. Pero no pudo decir nada.

55 —¿Qué estás hablando ahí, perro? —dijo—. ¡Te advierto que mi marido llegará
con el carro a las diez, y no aguanta bromas de nadie!

—¡Ya lo sé, ya lo sé que no aguanta bromas de nadie! —dijo el vagabundo—.
Por eso, no querrá que sepa nada... nada de lo que *yo vi* aquel día. ¿No es verdad?

Mariana se volvió rápidamente. La ira había desaparecido. Su corazón latía°,
60 confuso. "¿Qué dice? ¿Qué es lo que sabe...? ¿Qué es lo que vio?" Pero no dijo
nada. Se limitó a mirarlo llena de odio y de miedo. El viejo sonreía con sus encías°
sucias y peladas°.

—Me quedaré aquí un tiempo, buena posadera: sí, un tiempo para reponer
fuerzas, hasta que vuelva el sol. Mariana echó a correr. Cuando llegó al borde del
65 pozo° se paró. El corazón parecía salírsele del pecho°. Aquél fue el primer día.
Luego llegó Antonio con el carro. Antonio traía mercancías° de Palomar, cada se-
mana. Además de posaderos°, tenían el único comercio° de la aldea, y en el pueblo
Antonio tenía fama de rico. "Fama de rico", pensaba Mariana. Desde la llegada del
odioso vagabundo, estaba pálida, desganada°. "Y si no lo fuera, ¿me habría casado

*Margin glosses:*
- still (line 23)
- relief (line 27)
- fresh (line 34)
- **se...** she confronted (line 35)
- dawn (line 37)
- sleeve (line 41)
- loft (line 43)
- orchard (line 47)
- stopped / shivered (line 48)
- was beating (line 59)
- gums (line 61)
- bare (i.e., toothless) (line 62)
- well / chest (line 65)
- goods (line 66)
- **Además...** Besides being innkeepers / store (line 67)
- listless (line 69)

70 con él acaso?" No. No era difícil comprender por qué se había casado con aquel
hombre brutal, que tenía catorce años más que ella. Un hombre hosco° y temido°, sullen / feared
solitario. Ella era guapa. Sí: todo el pueblo lo sabía y decía que era guapa. También
Constantino, que estaba enamorado de ella. Pero Constantino era un simple
aparcero°, como ella. Y ella estaba harta de° pasar hambre, y trabajos y tristezas. sharecropper / **harta...** fed<br>up with
75 Por eso se casó con Antonio.

Hacía quince días que el viejo había entrado en la posada. Dormía, comía y
descansaba al sol. El primer día Antonio preguntó:

—¿Y ése, qué pinta ahí°? **qué...** what is he doing<br>there

—Me dio lástima —dijo ella. Es tan viejo... y hace tan mal tiempo...

80 Antonio no dijo nada. Le pareció que se iba hacia el viejo para echarlo de allí.
Y ella corrió escaleras arriba. Tenía miedo. Sí. Tenía mucho miedo... "Si el viejo
vio a Constantino subir al castaño°, bajo la ventana. Si lo vio saltar a la habitación, chestnut tree
las noches que iba Antonio con el carro, de camino..." ¿Qué podía querer decir, si
no, con aquello de *lo vi todo, sí, lo vi con estos ojos?*

85 Ya no podía más. El viejo no se limitaba a vivir en la casa. Pedía dinero, ya. Y
lo extraño es que Antonio no volvió a hablar de él. Se limitaba a ignorarlo. Sólo
que, de cuando en cuando, la miraba a ella, y ella temblaba.

Aquella tarde Antonio se marchaba a Palomar. Mariana sentía frío. "No puedo
más. Ya no puedo más. Vivir así es imposible. Le diré que se marche, que se vaya.
90 La vida no es vida con esta amenaza." Se sentía enferma de miedo. Lo de
Constantino, por su miedo, había cesado. Ya no podía verlo. Sabía que Antonio la
mataría. Estaba segura de que la mataría. Lo conocía bien.

Cuando vio el carro perdiéndose por la carretera bajó a la cocina. El viejo
dormitaba° junto al fuego. Lo contempló, y pensó: "Si tuviera valor° lo mataría. was dozing / courage
95 Allí estaban las tenazas° de hierro°, a su alcance. Pero sabía que no podía hacerlo. tongs / iron
"Soy cobarde. Soy una gran cobarde y tengo amor a la vida." Esto la perdía:

—Viejo, ven conmigo —le dijo—. Tengo que hablarte. El viejo la siguió hasta
el pozo. Allí Mariana se volvió a mirarlo.

—Puedes hacer lo que quieras, perro. Puedes decírselo todo a mi marido, si
100 quieres. Pero tú te marchas. Te vas de esta casa, en seguida...

El viejo calló° unos segundos. Luego sonrió. was silent

—¿Cuándo vuelve el señor posadero?

Mariana estaba blanca. El viejo observó su rostro hermoso, sus ojeras°. Había circles (under the eyes)
adelgazado.

105 —Vete —dijo Mariana—. Vete en seguida.

Estaba decidida y desesperada. Sí: en sus ojos lo leía el vagabundo. Él tenía
experiencia y conocía esos ojos. "Ya no hay nada que hacer", se dijo, con filosofía.
"Ha terminado el buen tiempo. Acabaron las comidas sustanciosas, el colchón°, el mattress
abrigo.

110 —Está bien —dijo—. Me iré. Pero él lo sabrá todo...

Mariana seguía en silencio. Quizás estaba aún más pálida. De pronto, el viejo
tuvo un ligero temor: "Ésta es capaz de hacer algo gordo°. Sí: es de esa clase de gente **hacer...** doing something<br>drastic / **se...** hang<br>themselves
que se cuelga° de un árbol o cosa así." Sintió piedad. Era joven, aún, y hermosa.

—Bueno —dijo—. Ha ganado la señora posadera. Me voy... La verdad, nunca
115 me hice demasiadas ilusiones...

—Ahora mismo —dijo ella, de prisa. Ahora mismo, vete... ¡Y ya puedes correr, si quieres alcanzarlo° a él! Ya puedes correr, con tus cuentos sucios, viejo perro...     catch up with him

El vagabundo sonrió con dulzura. Iba a salir, pero, ya en la empalizada°, se volvió:     picket fence

120 —Naturalmente, señora posadera, *yo no vi nada*. Vamos: ni siquiera sé si había algo que ver. Pero llevo muchos años de camino. Nadie hay en el mundo con la conciencia pura, ni siquiera° los niños. Mira a un niño a los ojos, y dile: "¡Lo sé todo!     **ni...** not even
Anda con cuidado..." Y el niño temblará. Temblará como tú, hermosa posadera.

Mariana sintió algo extraño, como un crujido°, en el corazón. No sabía si era     wrenching
125 amargo, o lleno de una violenta alegría. El viejo vagabundo cerró la puerta tras°     behind
él, y se volvió a mirarla. Su risa era maligna, al decir:

—Un consejo, posadera: vigila a tu Antonio. Sí: el señor posadero también tiene motivos para permitirle la holganza° en su casa a los viejos pordioseros°.     loafing / beggars
¡Motivos muy buenos, juraría yo!

130 La niebla, por el camino, se espesaba, se hacía baja. Mariana lo vio partir, hasta perderse en la lejanía°.     distance

# Vocabulario

| | |
|---|---|
| **acabar, terminar**   to end, to finish | **enterarse**   to find out |
| **advertir (e → ie)**   to warn | **marcharse, irse**   to go away, to leave |
| **amargo(a)**   bitter | **odioso(a)**   hateful |
| **la amenaza**   threat | **pararse, detenerse**   to stop |
| **la broma**   practical joke | **resistir, aguantar, soportar** |
| **la carretera**   highway |    to stand, to bear |
| **el (la) cobarde**   coward | **la tormenta**   storm |
| **de cuando en cuando, de vez en** | **el vidrio**   glass |
|    **cuando**   once in a while | |

## Palabras y más palabras

¿Qué palabra o palabras corresponden a lo siguiente?

1. soportar
2. de vez en cuando
3. que inspira odio
4. terminar
5. lo opuesto de valiente
6. irse
7. detenerse
8. camino
9. llamar la atención de uno sobre algo
10. lo opuesto de dulce
11. descubrir
12. tipo de cristal

## Díganos...

1. ¿A qué conclusión ha llegado Mariana?
2. ¿Cuánto tiempo hace que el vagabundo vive en casa de Mariana?
3. Describa Ud. al vagabundo.
4. ¿Por qué no quería Mariana recibir al vagabundo?
5. ¿Dónde encontró Mariana al vagabundo la mañana siguiente, y qué hacía?
6. ¿Qué le dice el vagabundo a Mariana para evitar que lo eche de la casa?
7. ¿Cómo es Antonio y por qué se casó Mariana con él?
8. ¿Qué teme Mariana que haya visto el vagabundo?
9. ¿Cómo es la vida de Mariana desde que llegó el vagabundo? ¿Por qué?
10. ¿Qué decide hacer Mariana finalmente?
11. ¿A qué conclusión llegó el vagabundo?
12. ¿Por qué le confesó el vagabundo a Mariana que él no había visto nada?
13. ¿Qué dice el vagabundo sobre la conciencia de todas las personas?
14. Antes de marcharse, ¿qué le aconseja el vagabundo a Mariana?

## Desde el punto de vista literario

Comente Ud...[1]

1. En el cuento, la tormenta tiene dos significados (*meanings*). ¿Cuáles son?
2. ¿Dónde ve Ud. en el cuento los temas preferidos de la autora?
3. ¿Qué importancia tiene el título del cuento en relación con el tema central?
4. ¿Desde qué punto de vista está contada la historia? ¿Cómo es el lenguaje?
5. ¿Cree Ud. que hay ironía en el cuento? ¿Dónde? ¿Por qué?

## Composición

En el cuento "La conciencia", el viejo dice que no hay nadie en el mundo con la conciencia pura. ¿Está Ud. de acuerdo con esta opinión? Escriba uno o dos párrafos dando su opinión sobre esto.

---

[1]Los conceptos literarios aparecen definidos en el apéndice, páginas 152–156.

## CAPÍTULO 6

## Julio Cortázar
## (Argentina: 1914–1984)

Julio Cortázar es un novelista y cuentista argentino. Sus obras han sido traducidas a innumerables idiomas.

Toda la obra de este escritor denota una constante preocupación por la búsqueda de la verdadera autenticidad, y alrededor de esta idea giran° sus temas.                    revolve

Cortázar se rebela contra todo lo que sea automático, rutinario o artificial. Para luchar contra estos males, propone la creatividad, el humor y, sobre todo, la capacidad de ver la vida como la ve un niño, descubriéndola de nuevo cada día.

Entre sus novelas —*Los premios*° (1960), *Rayuela*° (1963) y *Libro de Manuel* (1973)—     The Prizes / Hopscotch
se destaca la segunda, considerada como la más importante de su producción.

Escribió también poesía, una colección de cuentos fantásticos titulada *Bestiario* (1951) y otras colecciones como *Final de juego* (1956) y *Las armas secretas* (1959). En esta última colección figura "El perseguidor", considerado por muchos críticos como su mejor cuento.

## Preparación

Lea Ud. las primeras líneas del cuento y contraste lo que se dice allí con el título del cuento. ¿Qué cree Ud. que va a suceder?

## *Los amigos*     *(Adaptado)*

En ese juego todo tenía que andar rápido. Cuando el Número Uno decidió que había que liquidar° a Romero y que el Número Tres se encargaría° del trabajo,          kill / se... would take charge
Beltrán recibió la información pocos minutos más tarde. Tranquilo pero sin perder un instante, salió del café de Corrientes y Libertad y se metió° en un taxi. Mientras       se... got in
5   se bañaba en su departamento,° escuchando el noticioso,° se acordó de que había       apartment / news
visto por última vez a Romero en San Isidro, un día de mala suerte en las carreras.°      races
En ese entonces° Romero era un tal° Romero, y él un tal Beltrán; buenos amigos        En... In those days / un... a
antes de que la vida los metiera por caminos tan distintos. Sonrió casi sin ganas°,      guy named / enthusiasm
pensando en la cara que pondría Romero al encontrárselo de nuevo, pero la cara
10  de Romero no tenía ninguna importancia y en cambio había que° pensar despacio       había... one had to
en la cuestión del café y del auto. Era curioso° que al Número Uno se le hubiera       strange
ocurrido hacer matar a Romero en el café de Cochabamba y Piedras, y a esa hora;
quizá, si había que creer en ciertas informaciones, el Número Uno ya estaba un poco
viejo. De todos modos la torpeza° de la orden le daba una ventaja: podía sacar el       stupidity
15  auto del garaje, estacionarlo con el motor en marcha° por el lado de Cochabamba,      en... running
y quedarse esperando a que Romero llegara como siempre a encontrarse con los
amigos a eso de las siete de la tarde. Si todo salía bien evitaría que Romero entrase
en el café, y al mismo tiempo que los del café vieran o sospecharan su intervención.
Era cosa de suerte° y de cálculo, un simple gesto (que Romero no dejaría de ver°       Era... It was a matter of luck
20  porque era un lince°), y saber meterse en el tráfico y pegar la vuelta a toda máquina.°    no... was sure to see
Si los dos hacían las cosas como era debido —y Beltrán estaba tan seguro de Romero     shrewd person / pegar...
como de él mismo— todo quedaría despachado° en un momento. Volvió a sonreír       turn around at full speed
                                                                                        quedaría... would be settled

pensando en la cara del Número Uno cuando más tarde, mucho más tarde, lo llamara desde algún teléfono público para informarle de lo sucedido.

25 Vistiéndose despacio, acabó el atado° de cigarrillos y se miró un momento al espejo. Después sacó otro atado del cajón, y antes de apagar las luces comprobó que todo estaba en orden. Los gallegos° del garaje le tenían el Ford como una seda°. Bajó por Chacabuco, despacio, y a las siete menos diez se estacionó a unos metros de la puerta del café, después de dar dos vueltas a la manzana° esperando
30 que un camión de reparto le dejara el sitio. De cuando en cuando apretaba un poco el acelerador para mantener° el motor caliente.

A las siete menos cinco vio venir a Romero por la vereda° de enfrente; lo reconoció en seguida por el chambergo° gris y el saco cruzado. Con una ojeada° a la vitrina del café, calculó lo que tardaría en cruzar la calle y llegar hasta ahí. Pero a Romero no
35 podía pasarle nada a tanta distancia del café; era preferible que cruzara la calle y subiera a la vereda. Exactamente en ese momento, Beltrán puso el coche en marcha° y sacó el brazo por la ventanilla. Tal como° había previsto, Romero lo vio y se detuvo sorprendido. La primera bala le dio entre los ojos, después Beltrán tiró° al montón° que se derrumbaba. El Ford salió en diagonal, adelantándose a un tranvía°, y dio la
40 vuelta por Tacuarí. Manejando sin apuro°, el Número Tres pensó que la última visión de Romero había sido la de un tal Beltrán, un amigo del hipódromo° en otros tiempos.

*Marginal glosses:*
- pack
- people from Galicia
- **como...** running smoothly
- **dar...** going around the block twice
- to keep
- sidewalk
- type of hat / glance
- **puso...** started the car
- **Tal...** Exactly as
- shot / heap
- street car
- rush
- race track

# Vocabulario

**adelantarse (a)** to get ahead (of), to pass
**apagar** to turn off
**la bala** bullet
**el camión de reparto** delivery truck
**comprobar (o → ue)** to verify
**dar la vuelta** to turn
**derrumbarse** to collapse
**despacio** slow, slowly

**enfrente** in front, across from
**el espejo** mirror
**evitar** to avoid
**salir bien** to turn out well
**suceder, pasar, ocurrir** to happen
**tardar** to take long, to delay
**la ventaja** advantage
**la vitrina** window (i.e., in a store, etc.)

## Palabras y más palabras

Complete lo siguiente usando las palabras del vocabulario.

1. El _____ de reparto estacionó _____ del banco.
2. El viejo _____ en llegar porque caminaba muy _____.
3. La _____ le dio en la frente y él se _____ en la calle.
4. Horacio se miró en el _____ para _____ si necesitaba afeitarse.
5. Hubo un accidente cuando un coche trató de _____ a un ómnibus.
6. Voy a _____ la luz para _____ que ella me vea.
7. Beltrán dio la _____ por la calle Corrientes.
8. ¿Qué pasó? ¿Todo _____ bien?
9. Fuimos a mirar _____ , pero no compramos nada.
10. Es una _____ tener un coche pequeño porque es fácil estacionar.

## Díganos...

1. ¿Qué decide el Número Uno y quién se va a encargar del trabajo?
2. ¿Qué hace Beltrán al recibir la información?
3. ¿De qué se acuerda mientras se baña y escucha el noticioso?
4. ¿Conoce Beltrán a Romero?
5. ¿Dónde quiere el Número Uno que maten a Romero?
6. ¿A qué hora se encuentra Romero con sus amigos generalmente?
7. Según piensa Beltrán, ¿qué va a pasar si todo sale bien?
8. ¿Qué tiene que hacer Beltrán antes de estacionar el coche?
9. ¿Qué está esperando?
10. ¿Qué hace Romero cuando ve a Beltrán?
11. ¿Dónde le da la primera bala?
12. ¿Qué piensa el Número Tres mientras maneja su coche?

## Desde el punto de vista literario

Comente Ud...[1]

1. ¿Cuál es el tema principal del cuento? ¿Los subtemas?
2. ¿Desde qué punto de vista está narrado el cuento? ¿Le da esto más realidad? ¿Cómo?
3. Analice la presentación psicológica de Beltrán.
4. ¿Resulta para Ud. inesperado el desenlace? ¿Por qué?

## Composición

¿Por qué motivos cree Ud. que "liquidaron" a Romero?

---

[1]Los conceptos literarios aparecen definidos en el apéndice, páginas 152–156.

## ARMANDO PALACIO VALDÉS
### (ESPAÑA: 1853–1938)

Armando Palacio Valdés nació en Asturias, España, y fue uno de los grandes escritores españoles del siglo XIX. Su producción literaria fue muy extensa y comprende novelas y cuentos naturalistas y realistas. Entre sus novelas se destacan *Marta y María* (1883), de tipo regionalista; *Riverita* (1886), de atmósfera madrileña; *La hermana San Sulpicio* (1889), su novela más popular que capta la gracia andaluza; *La espuma* (1891) y muchas otras. El cuento que presentamos pertenece a su colección *Aguas fuertes*. Sus temas principales son de tipo religioso, psicológico y filosófico.

## Preparación

Lea el título del cuento y el breve diálogo con que comienza. El protagonista dice que es un asesino. Contraste esta confesión con la descripción de su personalidad. Trate de predecir las circunstancias que lo llevan a cometer un crimen.

# *El crimen de la calle de la Perseguida*   (Adaptado)

—Aquí donde usted me ve, soy un asesino.

—¿Cómo es eso, don Elías? —pregunté riendo, mientras le llenaba la copa de cerveza.

Don Elías es el hombre más bondadoso, más sufrido° y disciplinado que tiene    *long suffering*
5  la Compañía de Telégrafos.

—Sí, señor...; hay circunstancias en la vida...; llega un momento en que el hombre más pacífico...

—A ver, a ver; quiero que me cuente usted eso —dije ya lleno de curiosidad.

—Fue en el invierno del setenta y ocho. Yo vivía en Oviedo con una hija
10  casada. Mi vida era demasiado buena: comer, pasear, dormir. Algunas veces ayudaba a mi yerno°, que está empleado en el Ayuntamiento°.    *son-in-law / City Hall*

Cenábamos invariablemente a las ocho. Después de acostar a mi nieta, que entonces tenía tres años y hoy es una hermosa muchacha, me iba a visitar a doña Nieves, una señora viuda que vive sola en la calle de la Perseguida, en una casa
15  grande, antigua, de un solo piso, con portal° oscuro y escalera de piedra. Yo solía    *entry* ir a las nueve y media y acostumbraba a quedarme hasta las once o las doce.

Cierta noche me despedí, como de costumbre°, a esa hora. Doña Nieves, que    **como...** *as usual* es muy económica, no ponía luz alguna para alumbrar° la escalera y el portal.    *to light* Cuando yo salía, la criada° alumbraba con el quinqué° de la cocina desde arriba.    *maid / lamp*
20  En cuanto yo cerraba la puerta del portal, cerraba ella la del piso y me dejaba casi en tinieblas°, porque la luz que entraba de la calle era muy poca.    *darkness*

Al dar el primer paso°, sentí un fuerte golpe con el que me metieron el som-    *step* brero hasta las narices°. El miedo me paralizó y me dejé caer contra la pared. Creí    **hasta...** *down to my nose* escuchar risas y un poco repuesto° del susto me quité el sombrero.    **un...** *after overcoming*

25  —¿Quién va? —dije, dando a mi voz acento formidable y amenazador°.      threatening

Nadie respondió. Pasaron por mi imaginación rápidamente varias ideas. ¿Están tratando de robarme? ¿Quieren divertirse a mi costa°? Decidí salir inme-   **a mi...** at my expense diatamente porque la puerta estaba libre. Al llegar al medio del portal, me dieron un fuerte golpe en las nalgas° con la palma de la mano, y un grupo de cinco o seis   buttocks
30  hombres cubrió al mismo tiempo la puerta.

—¡Socorro! —grité. Los hombres comenzaron a brincar° delante° de mí, ges-   jump / in front ticulando de modo extravagante. Mi terror había llegado al colmo°.   utmost

—¿Adónde vas a estas horas, ladrón? —dijo uno de ellos.

—Va a robar un muerto. Es el médico —dijo otro. Pensando que estaban bo-
35  rrachos, exclamé con fuerza:

—¡Fuera, canallas°! Dejadme paso o mato a uno.— Al mismo tiempo levanté   scoundrels el bastón° de hierro° que acostumbraba llevar por las noches.   cane / iron

Los hombres, sin hacerme caso, siguieron bailando y gesticulando. Pude observar con la poca luz que entraba de la calle que ponían siempre por delante°   **por...** in front
40  a uno más fuerte, detrás del cual los otros se protegían.

—¡Fuera! —volví a gritar, moviendo el bastón.

—Ríndete°, perro —me respondieron, sin detenerse en su baile fantástico.   Surrender

Ya no tuve duda: estaban borrachos. Por esto y porque vi que no tenían armas, me tranquilicé relativamente. Bajé el bastón y, tratando de dar a mis palabras
45  acento de autoridad, les dije: ¡Fuera!

—¡Ríndete, perro! ¿Vas a chupar° la sangre de los muertos? ¿Vas a cortar alguna   suck pierna? ¡Saquémosle un ojo! ¡Cortémosle la nariz! —Al mismo tiempo avanzaron más hacia mí. Uno de ellos, no el que venía delante, sino otro, extendió el brazo por encima° del brazo del primero y me dio un fuerte tirón° en la nariz que me hizo gri-   over / pull
50  tar de dolor. Me separé un poco de ellos y, levantando el bastón, lo dejé caer con ira sobre el que venía delante. Cayó pesadamente sin decir "¡ay!". Los demás huyeron°.   ran away

Miré al herido° para ver si se movía. Nada: ni el más leve° movimiento.   the wounded person / slight Entonces me vino la idea de que pude matarlo. El bastón era realmente pesado. Con mano temblorosa, saqué un fósforo y lo encendí.
55  No puedo describirle lo que en aquel instante pasó por mí. En el suelo, boca arriba, estaba un hombre muerto. ¡Muerto, sí! Claramente vi la muerte en su cara pálida. No lo vi más que un momento, pero la visión fue tan intensa que no se me escapó un solo detalle. Era grande, de barba negra; vestía camisa azul y pantalones de color. Parecía un obrero° de la fábrica de armas.   laborer
60  Vi entonces con perfecta claridad lo que iba a ocurrir. La muerte de aquel hombre, comentada en seguida por la ciudad; la Policía arrestándome, la preocupación de mi familia; luego la cárcel°; las dificultades de probar que había sido en   jail defensa propia; el fiscal° llamándome asesino...   district attorney

Corrí hasta la esquina° y, sin hacer el menor ruido° caminé hasta mi casa,   corner / noise
65  tratando ahora de andar despacio. En la calle de Altavilla, cuando ya me iba serenando°, se me acercó un guardia del Ayuntamiento:   calming down

—Don Elías, ¿Puede usted decirme...?

No oí más. El salto que di fue tan grande, que me separé algunos metros del policía. Luego, sin mirarlo, corrí desesperada, locamente por las calles.
70  Llegué a las afueras° de la ciudad y allí me detuve. ¡Qué barbaridad había   outskirts hecho! Aquel guardia me conocía. Pensaría que estaba loco; pero a la mañana

siguiente, cuando se tuviera noticia del crimen, sospecharía de mí y se lo diría al juez°.                                                                 judge

75  Aterrorizado, caminé hacia mi casa. Al entrar se me ocurrió una idea magní-
fica. Fui a mi cuarto, guardé el bastón de hierro en el armario y tomé otro de
junco° que tenía y volví a salir, dirigiéndome al casino. Todavía se hallaban      rush
reunidos allí unos cuantos amigos. Me senté al lado de ellos, aparenté buen humor
y traté de que se fijaran en el ligero° bastoncillo que llevaba en la mano.         light

80  Cuando al fin, en la calle, me despedí de mis compañeros, estaba un poco más
tranquilo. Pero al llegar a casa y quedarme solo en el cuarto, sentí una tristeza
mortal. Comprendí que aquella treta° no serviría más que para agravar° mi          trick / worsen
situación si sospechaban de mí.

Me acosté, pero no pude cerrar los ojos, lleno de un terror que el silencio y la
soledad hacían más cruel. A cada instante esperaba oír los pasos de la Policía en la
85  escalera. Al amanecer°, sin embargo, me dormí hasta que me despertó la voz de mi hija.   daybreak
—Ya son las diez, padre. ¡Qué cara tiene usted! ¿Ha pasado mala noche?
—Al contrario, he dormido divinamente —respondí.
No me fiaba de mi hija. Luego pregunté, afectando naturalidad:
—¿Ha venido ya el *Eco del Comercio*?
90  —Sí.
—Tráemelo.
Cuando mi hija salió, empecé a leer todo con ojos ansiosos, sin ver nada.
Al fin, haciendo un esfuerzo supremo para serenarme, pude leer la sección de
sucesos°, donde hallé uno que decía:                                                happenings

95              SUCESO EXTRAÑO

"Los enfermeros del Hospital Provincial tienen la mala costumbre° de utilizar a los     habit
locos pacíficos que hay en aquel manicomio° para diferentes trabajos, entre ellos,     insane asylum
el de transportar los cadáveres a la sala de autopsia. Anoche cuatro dementes,
haciendo este servicio, encontraron abierta una puerta y se escaparon por ella,
100  llevándose el cadáver. Inmediatamente que el señor administrador del Hospital lo
supo envió a varios enfermeros en su busca, pero fueron inútiles° sus esfuerzos. A     useless
la una de la mañana se presentaron al Hospital los mismos locos, pero sin el
cadáver. Éste fue hallado por el sereno° de la calle de la Perseguida en el portal de   nightwatch
la señora Nieves Menéndez. Rogamos° al señor director del Hospital Provincial          We beg
105  que tome medidas° para que no se repitan estos hechos escandalosos."                measures
Dejé caer el periódico de las manos y comencé a reírme convulsivamente.
—¿De modo que usted había matado a un muerto?
—Precisamente.

# Vocabulario

| | |
|---|---|
| **el (la) asesino(a)**  murderer | **despedirse (de) (e → i)** |
| **boca arriba**[1]  face up | to say good-bye |
| **bondadoso(a)**  kind | **fiarse (de), confiar (en)**  to trust |
| **borracho(a)**  drunk | **el fósforo, la cerilla**  match |

---
[1]**boca abajo**  face down

| | |
|---|---|
| **el golpe**  blow | **pesado(a)**  heavy |
| **hallar, encontrar (o → ue)**   to find | **¡socorro!, ¡auxilio!**   help! |
| **el (la) ladrón(ona)**   burglar, thief | **solía + infinitivo**   used to + infinitive |
| **oscuro(a)**  dark | **el (la) viudo(a)**   widower, widow |
| **pasear**   to go for a walk | |

## Palabras y más palabras

¿Qué palabra o palabras corresponden a lo siguiente?

1. mujer cuyo esposo ha muerto
2. fósforo
3. ¡auxilio!
4. persona que roba
5. persona que mata con premeditación
6. lo opuesto de boca abajo
7. bueno
8. decir adiós
9. lo opuesto de claro
10. persona que bebe mucho alcohol
11. confiar
12. encontrar
13. que pesa mucho
14. ir a caminar

## Díganos...

1. ¿Cómo es la personalidad de don Elías?
2. ¿Cómo era la vida de don Elías en Oviedo?
3. ¿Qué sabemos de doña Nieves?
4. ¿Qué ideas pasaron por la imaginación de don Elías al recibir el primer golpe?
5. ¿Qué hacían y decían los hombres que lo atacaron?
6. ¿Qué hizo don Elías para defenderse?
7. ¿Qué vio don Elías cuando encendió el fósforo?
8. ¿Qué hizo cuando el guardia le habló?
9. ¿Qué hizo cuando llegó a su cuarto y adónde fue después?
10. ¿Cómo pasó la noche?
11. ¿Cuál es una mala costumbre que tienen los enfermeros del Hospital Provincial?
12. ¿Qué habían hecho los locos la noche del "crimen"?

## Desde el punto de vista literario

Comente Ud...[2]

1. ¿Cómo atrae Palacio Valdés la atención del lector desde el primer momento?
2. ¿Desde qué punto de vista está contado el cuento?
3. ¿Qué importancia tiene la oscuridad del portal en la trama?
4. ¿Dónde está la ironía del cuento?

## Composición

Teniendo en cuenta lo que Ud. sabe de don Elías, escriba uno o dos párrafos describiendo lo que Ud. imagina que es un día típico en su vida.

---

[2]Los conceptos literarios aparecen definidos en el apéndice, páginas 152–156.

## CAPÍTULO 7

# CAMILO JOSÉ CELA
## (ESPAÑA: 1916–          )

Nació en la provincia de La Coruña, en la región de Galicia, y se hizo conocer con la publicación de su novela *La familia de Pascual Duarte*. En cada una de sus obras, Cela usa técnicas estilísticas diferentes que reflejan el tema de cada una de ellas. La crítica considera *La colmena* como su mejor obra. En ella el escritor nos presenta la vida de Madrid después de la guerra civil española, que empezó en 1936 y terminó en 1939, y llevó al poder a Francisco Franco.

*La colmena* es una obra fragmentaria y esquemática en la que se presentan cuadros de la vida de la ciudad y episodios de la vida de sus personajes.

Otras obras del autor son *Pabellón de reposo* (1943), *Nuevas andanzas y desventuras de Lazarillo de Tormes* (1944), *Mazurca para dos muertos* (1983) y *Cristo versus Arizona* (1988). En 1989, Cela recibió el Premio Nobel de Literatura, y en 1995 recibió el Premio Cervantes.

## Preparación

Los protagonistas de esta selección son la señorita Elvira y don Leoncio Maestre. Al leer la narración por primera vez, haga lo siguiente.

1. Lea el diálogo entre Elvira y el vendedor. ¿Qué le dice este diálogo sobre la situación económica de Elvira?
2. Lea el diálogo entre Elvira y don Leoncio. ¿Qué sabe ahora sobre la personalidad de don Leoncio?
3. Haga una lista de las palabras y expresiones que parecen indicar lo que piensa don Leoncio de la señorita Elvira.

## *La colmena*   (*Selección adaptada*)

[Elvira, uno de los muchos personajes de la obra, representa la miseria humana y la situación de España después de la guerra civil. En ella muestra Cela la desesperación y también la esperanza°. La novela no es la historia de una sola persona, sino la presentación de 160 personajes° en un Madrid donde dominan el hambre y el ansia de satisfacción sexual.]

hope
characters

La señorita Elvira llama al hombre que vende cigarrillos.
—¡Padilla!
—¡Voy, señorita Elvira!
—Dame dos cigarrillos; mañana te los pago.
5   —Bueno.
Padilla sacó los cigarrillos y se los puso sobre la mesa.
—Uno es para luego, ¿sabes?, para después de la cena.
—Bueno, ya sabe usted, aquí hay crédito.
El hombre sonrió con un gesto° de galantería°. La señorita Elvira sonrió también.   gesture / gallantry
10   —Oye, ¿quieres darle un recado a Macario?
—Sí.
—Que si puede tocar "Luisa Fernanda"[1], por favor.

---

[1]Famosa zarzuela (tipo de opereta española)

El hombre se marchó arrastrando° los pies, camino de la tarima° de los músicos. Un señor que llevaba ya un rato mirando a Elvirita, se decidió por fin a romper el hielo.

—Son bonitas las zarzuelas, ¿verdad, señorita?

La señorita Elvira asintió° con una sonrisa que él interpretó como un gesto de simpatía.

—Y muy sentimentales, ¿verdad?

La señorita Elvira entornó° los ojos. El señor tomó nuevas fuerzas.

—¿A usted le gusta el teatro?

—Si es bueno...

El señor se rió como festejando una ocurrencia muy chistosa°, y continuó:

—Claro, claro. ¿Y el cine? ¿También le gusta el cine?

—A veces...

El señor hizo un esfuerzo tremendo, un esfuerzo que le puso colorado hasta las cejas°.

—Esos cines oscuritos, ¿eh?, ¿qué tal?

La señorita Elvira se mostró digna y suspicaz°.

—Yo al cine voy siempre a ver la película.

El señor reaccionó.

—Claro, naturalmente, yo también... Yo decía por los jóvenes, claro, por las parejitas, ¡todos hemos sido jóvenes!... Señorita, he observado que usted fuma; si usted me lo permite, yo tendría mucho gusto en... vamos, en proporcionarle una cajetilla de cigarrillos.

El señor habla precipitadamente°, azoradamente°. La señorita Elvira le respondió con cierto desprecio, con el gesto de quien tiene la sartén por el mango.

—Bueno, ¿por qué no? ¡Si es capricho°!

El señor llamó al vendedor, le compró la cajetilla, se la entregó° con su mejor sonrisa a la señorita Elvira, se puso el abrigo, cogió el sombrero y se marchó. Antes le dijo a la señorita Elvira:

—Bueno, señorita, mucho gusto. Leoncio Maestre, para servirle°. Como le digo, espero que nos veamos otro día y que seamos buenos amiguitos.

•   •   •

A don Leoncio Maestre por poco lo mata un tranvía°.

—¡Burro!

—¡Burro será usted, desgraciado°! ¿En qué va usted pensando?

Don Leoncio Maestre iba pensando en Elvirita.

—Es mona°; sí, muy mona. ¡Ya lo creo! Y parece chica fina°... No creo que sea una golfa°. ¡Cualquiera sabe°! Cada vida es una novela. Estoy seguro de que es una chica de buena familia. Ahora estará trabajando en alguna oficina, en algún sindicato. Tiene la cara triste; a lo mejor lo que necesita es a alguien que le dé cariño y mucho mimo°.

A don Leoncio Maestre le saltaba el corazón debajo de la camisa.

---

*Glosses (right margin):*

arrastrando° = dragging / tarima° = stage

asintió° = nodded

entornó° = half closed

festejando... = applauding a very funny saying

cejas° = eyebrows

se... = behaved in a dignified, mistrustful way

precipitadamente° = very fast / azoradamente° = anxiously

capricho° = whim

se... = gave it to her

para... = at your service

tranvía° = streetcar

desgraciado° = you miserable wretch!

mona° = cute / fina° = refined

golfa° = tramp / Cualquiera... = Who knows

mimo° = pampering

—Mañana vuelvo. Sí, sin duda. Si está, buena señal. Y si no... Si no está... ¡A
55 buscarla!

Don Leoncio Maestre se subió el cuello° del abrigo y dio dos saltitos.  collar

—Elvira, señorita Elvira. Es un bonito nombre. Yo creo que la cajetilla de cigarrillos le gustó. Mañana le repito el nombre. Leoncio. Leoncio, Leoncio. Espero
que ella me ponga un nombre mucho más cariñoso. Leo, Oncio, Oncete... Me
60 tomo una caña° porque me da la gana.  a glass of beer (España)

Don Leoncio Maestre se metió en° un bar y se tomó una caña en el  **se...** went in
mostrador°. A su lado, sentada en una banqueta°, una muchacha le sonreía. Don  counter / stool
Leoncio se volvió de espaldas. Aguantar aquella sonrisa le parecía una traición°;  betrayal
la primera traición que le hacía a Elvirita.

65 —No; Elvirita, no. Elvira. Es un nombre sencillo°, un nombre muy bonito.  simple

La muchacha de la banqueta le habló por encima del hombro°.  **por...** over her shoulder

—¿Me da usted fuego,° tío° serio?  light / guy (España)

Don Leoncio le dio fuego, casi temblando. Pagó la caña y salió a la calle
apresuradamente°.  in a hurry

70 —Elvira..., Elvira...

•   •   •

La señorita Elvira deja la novela sobre la mesa de noche y apaga° la luz. "Los  turns off
misterios de París" se quedan a oscuras al lado de un vaso de agua, de unas
medias° usadas y de una barra de rouge° casi terminada.  stockings / lipstick

Antes de dormirse, la señorita Elvira siempre piensa un poco.

75 Doña Rosa tiene razón. Es mejor volver con el viejo, así no puedo seguir. Es
un baboso°, pero, ¡después de todo! yo ya no tengo mucho donde escoger.  drooling old man

•   •   •

Don Leoncio Maestre tomó dos decisiones fundamentales. Primero: es evidente que la señorita Elvira no es una cualquiera°, se le ve en la cara. La señorita  tramp
Elvira es una chica fina, de buena familia, que ha tenido algún problema con los
80 suyos° y se ha ido de su casa y ha hecho bien, ¡qué caramba°!  **los...** her family / **qué...** what the heck!

La segunda decisión de don Leoncio fue la de ir de nuevo, después de cenar,
al Café de doña Rosa, a ver si la señorita Elvira había vuelto por allí.

# Vocabulario

la cajetilla   pack (of cigarettes)
el cariño, el amor   love
cariñoso(a)   affectionate
el cigarrillo   cigarette
darle a uno la gana   to feel like
el hielo   ice
la pareja   couple
ponerse colorado, ruborizarse   to blush
por poco   almost

proporcionar   to supply, to give
el rato   while
el recado, el mensaje   message
la sonrisa   smile
tener la sartén por el mango   to have the upper hand
tomar una decisión   to make a decision
el (la) vendedor(a)   salesperson

## Palabras y más palabras

Busque en la columna **B** las respuestas a las preguntas de la columna **A**.

| A | B |
|---|---|
| 1. ¿Compraste cigarrillos? | a. Porque le dije que era bonita. |
| 2. ¿A quién le dieron el recado? | b. Pasó un rato en el café. |
| 3. Ella lo controla todo, ¿no? | c. Mucho cariño. |
| 4. ¿Qué hizo la pareja? | d. Sí, le voy a proporcionar el dinero. |
| 5. ¿Por qué no trajiste el hielo? | e. Sí, una cajetilla. |
| 6. ¿Por qué se puso colorada? | f. Porque no me dio la gana. |
| 7. ¿Tomaste una decisión? | g. Sí, y por poco se mata. |
| 8. ¿Qué necesitaba la niña? | h. Al vendedor. |
| 9. ¿Qué te gusta de Julia? | i. Su sonrisa. |
| 10. ¿Tuvo un accidente? | j. Sí, tiene la sartén por el mango. |

## Díganos...

1. ¿En qué época tiene lugar la acción de la novela?
2. ¿Cómo sabemos que Elvira es muy pobre?
3. ¿Qué hace don Leoncio para romper el hielo entre él y Elvira?
4. ¿Cómo reacciona Elvirita cuando el hombre le dice: "Esos cines oscuritos, ¿eh?, ¿qué tal?"
5. ¿Qué hace don Leoncio para ganarse la amistad de Elvira, y cómo reacciona ella?
6. ¿Qué le pasa a don Leoncio en la calle y por qué?
7. ¿Cómo cree don Leoncio que es Elvira?
8. Cuando la muchacha le sonríe en el bar, ¿qué cree don Leoncio que le está haciendo a Elvirita?
9. Describa el cuarto de Elvira.
10. ¿Cuáles son las decisiones que toma don Leoncio?

## Desde el punto de vista literario

Comente Ud...[2]

1. ¿A través de qué conocemos a los personajes de Elvira y Leoncio en la obra *La colmena*?
2. ¿Cuál es la atmósfera general de la selección (en el café, en la casa de Elvira)?
3. ¿Con qué propósito usa el autor el monólogo interior?
4. ¿De qué forma contrasta el autor la realidad y la apariencia de lo que es Elvira?
5. ¿Cómo se consigue la ironía al final de la selección?
6. ¿Cuántos puntos de vista puede Ud. encontrar en la selección?

## Composición

Imagínese que Leoncio y Elvira se encontraron al día siguiente en el café. Escriba un breve diálogo entre ellos.

---

[2]Los conceptos literarios aparecen definidos en el apéndice, páginas 152–156.

## ALFONSO SASTRE
## (ESPAÑA: 1926–          )

Alfonso Sastre es un famoso dramaturgo° de la posguerra[1]. Su teatro es un teatro social, con énfasis en la angustia, la desesperanza y la brutalidad del hombre. En su obra, Sastre trata de demostrar que todos tenemos derecho a la libertad y a la justicia. El dramaturgo maneja hábilmente el diálogo y sabe crear un ambiente verídico donde se desarrollan sus obras.

    La obra *La mordaza*, es la representación simbólica de la opresión. A través del protagonista Isaías Krappo, quien mantiene una atmósfera de terror en su casa y en su familia, Sastre representa la dictadura y la falta de libertad en cualquier país.

    Otras obras de Alfonso Sastre son *Escuadra hacia la muerte* (1952), *El pan de todos* (1952), *Tierra roja* (1954), *Ana Kleiber* (1955), *La sangre de Dios* (1955), *El cuervo* (1956), *La cornada* (1959), *Asalto nocturno* (1962) y *Las cintas magnéticas* (1971).

      playwright

## Preparación

Antes de leer la escena detalladamente, haga una lectura rápida y trate de contestar las siguientes preguntas: ¿Quiénes son los personajes? ¿Dónde se desarrolla la obra? ¿Cuál es el problema?

## *La mordaza°*          (*Selección adaptada*)

    gag

*Isaías Krappo, hombre dominante que inspira a su familia más miedo que cariño°, está sentado en la sala de su casa. Todos se han ido a dormir y lo han dejado solo. Él está extrañamente contento. De pronto suenan unos golpes° fuertes en la puerta de la calle. Isaías los escucha sorprendido. Vuelven a sonar los golpes.*

    love

    knocks

| | |
|---|---|
| ISAÍAS | —(*llamando a la criada*) ¡Andrea! ¡La puerta de la calle! (*Un silencio. Entra Andrea.*) |
| ANDREA | —Es un señor que pregunta por usted. |
| ISAÍAS | —¿Un señor? ¿Quién? |
| 5   ANDREA | —No lo conozco. No creo que sea del pueblo°. |
| ISAÍAS | —No comprendo quién puede ser. Dile que pase°. (*Andrea sale y vuelve en seguida con un hombre delgado, pálido y muy nervioso. Isaías lo observa y frunce el ceño°.*) ¿Qué quiere usted? ¿Qué busca a estas horas? |
| 10   EL FORASTERO° | —Es... es usted Isaías Krappo, ¿verdad? |
| ISAÍAS | —Sí. |
| EL FORASTERO | —Tengo que... tengo que hablar con usted. |
| ISAÍAS | —¿No ha podido esperar hasta mañana? |
| EL FORASTERO | —Es que... acabo de llegar. Tengo el coche en la carretera. He |
| 15 | estado rodando° siete horas por esos caminos hasta llegar aquí. Estoy muy cansado. |
| ISAÍAS | —Usted me va a explicar si puede... o si quiere... |

town

**Dile...** Tell him to come in.

**frunce...** frowns

stranger

wandering around

[1]Following the Spanish Civil War (1936–1939)

| | |
|---|---|
| EL FORASTERO | —Desde hace tiempo tenía interés en hablar con usted. Pero no ha podido ser hasta ahora. |
| 20  ISAÍAS | —¿Por qué razón? |
| EL FORASTERO | —He estado... (*Trata de sonreír°.*), he estado sin salir durante algún tiempo... he estado... en la cárcel°. Esta mañana, a primera hora, me han soltado°. Después de, ¿sabe usted?, después de tres largos años, ¿se da cuenta? Hacía tres años que no hablaba con nadie, y he estado pensando, esperando el momento de salir para regresar a estos pueblos, que para mí tienen ciertos recuerdos... aterradores°. ¿Me permite sentarme? No me siento bien. |
| ISAÍAS | —Siéntese. |
| EL FORASTERO | —Sufro mucho de los nervios y no puedo dormir. Así que estoy enfermo y... desesperado... No sé lo que voy a hacer. Espero tranquilizarme haciendo... lo que quiero hacer; matar a un hombre que no merece vivir en este mundo. |
| ISAÍAS | —¿De qué me está hablando? ¿Está loco o qué le ocurre? |
| EL FORASTERO | —Quizás estoy volviéndome loco°. Ha sido demasiado para mí. Y lo malo es que ahora me es imposible dormir. No puedo descansar. |
| ISAÍAS | —(*que empieza a divertirse con la situación*) ¿Y qué tengo yo que ver en todo esto°? Si usted quiere decírmelo... |
| EL FORASTERO | —Es difícil hablar de ciertas cosas, pero hay que hacerlo... Usted ya se puede figurar° por qué he estado en la cárcel... desde hace tres años... desde que terminó la guerra°, precisamente. |
| ISAÍAS | —A lo mejor colaboró amigablemente° con las fuerzas de ocupación. |
| EL FORASTERO | —Exacto. Colaboré... amigablemente. Por eso estuvieron a punto de matarme°. Me condenaron a muerte. Luego hubo personas que se interesaron por mí y he estado en la cárcel tres años, tres largos años, como le digo; tres años que han destrozado mis nervios. Pero lo peor ya me había ocurrido antes, durante la guerra. Yo creo que usted sabe algo de aquello; por eso he venido a hablar con usted. Es lo primero que hago después de salir de la cárcel. Venir a hablar con usted. Yo creo que usted sabe... |
| ISAÍAS | —¿Cómo ha sabido mi nombre? |
| EL FORASTERO | —¿Su nombre? No lo he olvidado. No puedo olvidarlo, naturalmente. |
| ISAÍAS | —¿Lo recordaba... de la guerra? |
| EL FORASTERO | —Sí. |
| ISAÍAS | —(*que está un poco nervioso*) Hable de una vez°, si quiere. |
| EL FORASTERO | —(*Lo mira, imperturbable*) Le hablaba de algo muy doloroso°... de algo que me ocurrió hace tres años, durante la guerra... en estos alrededores°, a cinco kilómetros del pueblo, aproximadamente. Lo recuerdo perfectamente. Fue una cosa tan terrible, que no he podido olvidarla. Y recuerdo hasta° las caras de los que intervinieron. |
| ISAÍAS | —Continúe. |
| EL FORASTERO | —Íbamos en dos coches. En el primero iba yo con... con una importante personalidad del... sí, del ejército° de ocupación... En |

Glosses (right margin):

- to smile
- prison
- **me...** they have released me
- terrifying
- **volviéndome...** going crazy
- **qué...** what does all this have to do with me?
- **se...** you can guess
- war
- in a friendly way
- **estuvieron...** they almost killed me
- **Hable...** Speak up
- painful
- **en...** around here
- even
- army

65    el otro iban nuestras mujeres y mi hija... mi hija de doce años...
      Nos asaltaron a unos cinco kilómetros de este pueblo, como le
      digo. Un grupo de la resistencia... de patriotas..., de los que
      nosotros llamábamos terroristas... La partida de Isaías Krappo...

ISAÍAS    —¿Está seguro? Yo no recuerdo nada. No sé de qué me está
70    hablando.

EL FORASTERO    —Las mujeres quedaron en manos de los patriotas... El general
      que iba conmigo recibió un balazo° en el pecho, y murió dos     shot
      horas después. En el momento del ataque traté de ir en auxilio
      de las mujeres, pero el chofer no tenía otra idea que salir de allí.
75    Y lo consiguió. Sólo él y yo quedamos a salvo°. Unos días    **quedamos...** were safe
      después aparecieron los cadáveres° de las mujeres y de la niña    bodies
      en un barranco°. Estábamos preparando una expedición de cas-    ravine
      tigo°, pero ya no nos dio tiempo. La expedición quedó    punishment
      aplazada° y ahora he venido yo.    **quedó...** was postponed

80 ISAÍAS    —¿A qué ha venido?

EL FORASTERO    —A hacer justicia.

ISAÍAS    —¿A buscar al que mató a su mujer y a su hija?

EL FORASTERO    —A ése ya lo he encontrado.

ISAÍAS    —(*Ríe.*) Por lo visto piensa que fui yo...

85 EL FORASTERO    —No se ría°. Sé que fue usted. Es curioso. Cuando venía hacia    **No...** Don't laugh
      aquí me figuraba que no iba a poder estar tranquilo ante° Isaías    before
      Krappo. Me figuraba que iba a tratar de abalanzarme° sobre él y    throw myself on
      matarlo. Pero ahora estoy aquí y veo que ésa no es la solución.
      Y se me ocurren (*Sonríe nerviosamente.*) las más distintas y
90    extraordinarias venganzas.

ISAÍAS    —Todo eso es una especie de° delirio suyo. No recuerdo nada de    **especie...** sort of
      lo que dice. No tengo nada que temer.

EL FORASTERO    —Eso cree usted...

ISAÍAS    —Ahora, márchese de mi casa.

95 EL FORASTERO    —Me voy a ir tranquilamente, sin apresurarme... si usted me lo
      permite... Y usted me lo va a permitir, porque no le conviene°,    **no...** it's not to your advan-
      de ningún modo le conviene, despedirme° de mala forma. Usted    tage / to throw me out
      ya sabe lo que ocurre. Tiene un mal enemigo vivo, desesperado
      y libre... completamente libre, por fin. Quizá esto le va a quitar
100    el sueño°. No le prometo, amigo Krappo, no le prometo una    **le va...** will keep you awake
      larga vida... y hasta pienso que va a morir de mala forma y que    nights
      sus últimos días van a ser bastante desagradables...

ISAÍAS    —(*con voz metálica*) Márchese, márchese de aquí.

EL FORASTERO    —A mí no me importa ya morir, ¿ve usted? Y, sin embargo, usted
105    desea, fervientemente lo desea, vivir muchos años... ¿cuál de los
      dos es el que va a sufrir de aquí en adelante?... (*Ríe nerviosa-*
      *mente.*) Es hasta divertido° pensarlo... Y ahora me retiro, señor.    amusing
      Esta noche puede dormir; se lo permito. (*Ríe.*) Buenas noches.

# Vocabulario

a lo mejor, tal vez, quizá(s)
 maybe, perhaps
a primera hora   early in the morning
apresurarse, apurarse   to hurry up,
 to hasten
el auxilio, la ayuda   help
la carretera   highway
de aquí en adelante   from now on
de pronto, de repente   suddenly
desagradable   unpleasant
explicar   to explain

marcharse, irse, retirarse   to leave,
 to go away
merecer (yo merezco)   to deserve
No me importa.   It doesn't matter
 to me.
por lo visto, aparentemente
 apparently
sin embargo   however, nevertheless
temer   to fear
la venganza, el desquite   revenge

## Palabras y más palabras

¿Qué palabra o palabras corresponden a lo siguiente?

 1. apurarse
 2. tal vez
 3. ayuda
 4. temprano, por la mañana
 5. camino
 6. desde ahora
 7. No me preocupa.
 8. ser digno (*worthy*) de
 9. lo opuesto de agradable
10. de repente
11. retirarse
12. dar una explicación
13. aparentemente
14. tener miedo
15. desquite

## Díganos...

 1. ¿Qué clase de persona es Isaías Krappo?
 2. ¿Qué pasa mientras él está en la sala?
 3. ¿Qué aspecto tiene el hombre que viene a hablar con Isaías?
 4. ¿Por qué ha tenido que esperar mucho tiempo el forastero para hablar con Isaías?
 5. ¿Cuánto tiempo ha estado en la cárcel y por qué?
 6. ¿A qué distancia del pueblo ocurrió la tragedia que recuerda el forastero? Relate Ud. lo que ocurrió.
 7. ¿A qué ha venido el forastero a casa de Isaías Krappo?
 8. ¿Qué cosas le promete el forastero a Isaías?

9. ¿Por qué va a sufrir más Isaías que el forastero de aquí en adelante?
10. ¿Por qué decide el forastero no matar inmediatamente a Isaías?

## Desde el punto de vista literario

Comente Ud...[2]

1. ¿Qué sabemos sobre los acontecimientos del pasado por medio del diálogo?
2. Compare Ud. el personaje de Isaías Krappo con el del forastero.
3. ¿Cómo crea Sastre tensión en la escena?
4. Uno de los temas de Sastre es el de la libertad. ¿Cómo está expresada en la selección esta idea de Sastre?

## Composición

Asuma Ud. el papel del forastero. Escriba uno o dos párrafos sobre lo que Ud. va a hacer para vengarse.

[2]Los conceptos literarios aparecen definidos en el apéndice, páginas 152–156.

## CAPÍTULO 8

## Gabriela Mistral
## (Chile: 1889–1957)

Gabriela Mistral, cuyo verdadero nombre era Lucila Godoy, nació en Vicuña, Chile. Dejó una amplia obra, tanto en prosa como en verso, en la que se reflejan su bondad, su ternura y su amor por la humanidad. En 1945 recibió el Premio Nobel de Literatura, siendo la primera entre los escritores hispanoamericanos que recibía este honor. Entre sus libros de poemas podemos citar *Desolación*, su mejor obra, publicada en 1922; *Ternura* (1924), donde muestra su inmenso amor por los niños; *Tala* (1938), y *Lagar* (1954). Sus versos están llenos de una ternura sincera y, además del amor, que es el centro de su poesía, son temas constantes en ella la soledad, la muerte y Dios.

## Preparación

Fíjese en el título del poema y piense en los temas que evoca este título. Trate de predecir de qué va a tratar el poema "Meciendo".

## *Meciendo*

| | |
|---|---|
| El mar sus millares° de olas° | thousands / waves |
| mece°, divino | rocks |
| Oyendo a los mares amantes° | loving |
| mezo a mi niño | |
| | |
| 5    El viento errabundo° en la noche | wandering |
| mece los trigos° | wheat |
| Oyendo a los vientos amantes | |
| mezo a mi niño | |
| | |
| Dios° Padre sus miles de mundos | God |
| 10  mece sin ruido° | **sin...** silently |
| Sintiendo su mano en la sombra° | shadow |
| mezo a mi niño. | |

(*De* Ternura, *1924*)

## Díganos...

1. ¿A quién está dedicado este poema?
2. Mientras la poetisa mece a su niño, ¿qué mecen el mar y el viento?
3. ¿De quién siente la presencia la poetisa?

## Desde el punto de vista literario

Comente Ud...[1]

¿Cuál es el estribillo de "Meciendo" y qué logra la poetisa al usarlo?

---

[1]Los conceptos literarios aparecen definidos en el apéndice, páginas 152–156.

# AMADO NERVO
## (MÉXICO: 1870–1919)

Amado Nervo fue uno de los poetas más conocidos de su tiempo, no sólo en su país, sino en todo el mundo hispano. Dejó una enorme obra poética, en la que predominan los temas de la religión, la filosofía y el amor. Entre estos temas, es el amor el que aparece más frecuentemente. Su poesía presenta un amor puro y casto porque su pasión es más espiritual que carnal. Entre sus mejores libros de poemas están *Serenidad* (1912), *El arquero divino* (1919) y *La amada inmóvil* (1920). Escribió también cuentos, novelas y crítica literaria.

## Preparación

Mucha gente dice que "la vida no es justa". ¿Está Ud. de acuerdo? ¿Qué cree Ud. que tenemos derecho a esperar de la vida?

# En paz

Muy cerca de mi ocaso°, yo te bendigo°, Vida      *setting sun / bless*
porque nunca me diste ni esperanza fallida°      **esperanza...** *unfulfilled*
ni trabajos injustos, ni pena inmerecida°;      *hope /* **pena...** *unde-*
     porque veo al final de mi rudo camino°      *served sorrow /* **rudo...**
5 que yo fui el arquitecto de mi propio destino;      *rough way*
que si extraje las mieles° o la hiel° de las cosas,      *honey / gall*
fue porque en ellas puse hiel o mieles sabrosas;
cuando planté rosales, coseché° siempre rosas.      *harvested*

    ...Cierto, a mis lozanías° va a seguir el invierno:      *youth*
10 ¡mas° tú no me dijiste que mayo fuese eterno!      *but*
hallé° sin duda largas las noches de mis penas°;      *I found / sorrow*
mas no me prometiste tú sólo noches buenas;
y en cambio tuve algunas santamente serenas...

    Amé, fui amado, el sol acarició mi faz°.      *face*

15     ¡Vida, nada me debes! ¡Vida, estamos en paz°!      **en...** *even*

(*De* Elevación)

## Díganos...

1. ¿Es un joven el que escribe este poema?
2. ¿Por qué bendice el poeta la vida?
3. ¿Qué ve el poeta al final de su camino?
4. ¿Por qué dice el poeta "a mis lozanías va a seguir el invierno"?
5. ¿Por qué dice el poeta "Vida, estamos en paz"?

## Desde el punto de vista literario

Comente Ud...

"Cuando planté rosales, coseché siempre rosas." Explique esta idea.

## GUSTAVO ADOLFO BÉCQUER
## (ESPAÑA: 1836–1870)

Bécquer representa la transición del romanticismo al simbolismo en España, principalmente en la poesía, pero también en la prosa. La crítica actual lo considera un precursor del
modernismo. Las rimas y las leyendas son lo más conocido de la obra de Bécquer. En sus
Rimas —poemas sencillos y breves— vemos una poesía desnuda de artificios, una poesía
de máxima condensación lírica. Los temas que reaparecen en su obra son tres: el amor, la
soledad y el misterio, no solamente del destino humano sino de la poesía misma.

## Preparación

Uno de los temas de la poesía romántica es la búsqueda de lo imposible. ¿En qué
estrofa del poema que se presenta a continuación aparece este tema?

# Rima XI

—Yo soy ardiente, yo soy morena,
yo soy el símbolo de la pasión;
de ansia de goces° mi alma está llena;                                 enjoyment
¿a mí me buscas? —No es a ti, no.

5      —Mi frente es pálida; mis trenzas° de oro;                      braids
puedo brindarte dichas° sin fin;                                        happiness
yo de ternura° guardo un tesoro;                                        tenderness
¿a mí me llamas? —No, no es a ti.

—Yo soy un sueño°, un imposible,                                        dream
10   vano fantasma° de niebla y luz;                                    vano... illusory ghost
soy incorpórea, soy intangible;
no puedo amarte. —¡Oh, ven; ven tú!

## Díganos...

1. ¿Cómo describe el poeta a la primera mujer y qué simboliza ella?
2. ¿Cómo es la segunda mujer y qué puede brindarle al poeta?
3. ¿Por qué prefiere el poeta a la tercera mujer?

## Desde el punto de vista literario

Comente Ud...[1]

1. ¿Cómo expresa Bécquer en esta rima la idea de que él busca "lo imposible"?
2. ¿Qué versos riman y cuál es el tipo de rima?

---

[1]Los conceptos literarios aparecen definidos en el apéndice, páginas 152–156.

# GUSTAVO ADOLFO BÉCQUER[1]
## (ESPAÑA: 1836–1870)

## Preparación

De los temas característicos de la poesía de Bécquer, ¿cuáles encuentra Ud. en esta rima?

## *Rima XXX*

Asomaba a° sus ojos una lágrima°
y a mi labio una frase de perdón°;
habló el orgullo° y se enjugó° su llanto,
y la frase en mis labios expiró.

5   Yo voy por un camino: ella, por otro;
pero al pensar en nuestro mutuo amor,
yo digo aún ¿por qué callé° aquel día?
Y ella dirá ¿por qué no lloré° yo?

(*De* Rimas y leyendas)

**Asomaba...** was coming out from / tear / forgiveness

pride / **se...** dried

didn't speak
**no...** didn't cry

## Díganos...

1. Según el poeta, ¿qué lo separó de su amada?
2. ¿Puede Ud. decir cómo se siente ahora el poeta y por qué?
3. ¿Cuál cree Ud. que es el mensaje que nos da el poeta?

## Desde el punto de vista literario

Comente Ud...[2]

¿Cómo expresa el poeta la idea de que él y su amada están separados? ¿En qué verso aparece esta idea?

---

[1]Biografía en la página 68.
[2]Los conceptos literarios aparecen definidos en el apéndice, páginas 152–156.

## GERTRUDIS GÓMEZ DE AVELLANEDA
## (CUBA: 1814–1873)

Novelista, poetisa y dramaturga; esta autora es una de las figuras más destacadas del romanticismo hispanoamericano. A los doce años ya había escrito poemas, una novela y una tragedia. Su carrera literaria se desarrolló en España, donde vivió desde 1836, con excepción de unos pocos años que pasó en Cuba (1859–1864). Su obra poética muestra dominio de las distintas posibilidades métricas. Entre los temas de su poesía están Cuba, el amor, la naturaleza y temas filosóficos. Además de poemas, escribió dramas, comedias y novelas.

## Preparación

En este poema la poetisa nos describe su estado de ánimo al alejarse de su país. ¿Con qué palabras describiría Ud. sus emociones en la misma situación?

# *Al partir*

    ¡Perla del mar! ¡Estrella° de Occidente°:    Star / West
¡Hermosa Cuba! Tu brillante cielo°    sky
la noche cubre con su opaco velo,
como cubre el dolor mi triste frente°.    forehead

5    ¡Voy a partir°!... La chusma° diligente,    leave / (ship) crew (derog.) / take
para arrancarme° del nativo suelo,    me away / **las velas...** sets
las velas iza°, y pronta a su desvelo    sail / comes / burning
la brisa acude° de tu zona ardiente°.

    ¡Adiós, patria° feliz, edén querido!    homeland
10 ¡Doquiera° que el hado° en su furor me impela°,    Wherever / fate / **me...** takes me / will flatter
tu dulce nombre halagará° mi oído!

    ¡Adiós!... ¡Ya cruje° la turgente vela°...    rustles / sail
el ancla° se alza... el buque°, estremecido°,    anchor / ship / shaken
las olas corta y silencioso vuela!

## Díganos...

1. ¿Cómo describe la poetisa a su patria?
2. ¿Cómo se describe en el poema la salida del buque?
3. ¿Cómo se siente la poetisa al dejar su país?

## Desde el punto de vista literario

Comente Ud...[1]

¿Cuál es el tono de este poema?

---

[1]Los conceptos literarios aparecen definidos en el apéndice, páginas 152–156.

# JOSÉ MARTÍ
## (CUBA: 1853–1895)

José Martí, escritor y patriota cubano, dedicó su vida y su obra a la independencia de Cuba. Martí murió en el campo de batalla°, durante la última guerra de independencia de su país, en el año 1895. El escritor es famoso no sólo como poeta y ensayista, sino también como orador.

**campo...** battleground

Martí es el creador de la prosa artística, que se caracteriza por la melodía, el ritmo y el uso de frases cortas, para expresar ideas muy profundas. Sus temas principales son la libertad, la justicia, la independencia de su patria y la defensa de los pobres, de los humildes y de los oprimidos. Entre sus obras poéticas figuran *Ismaelillo* (1882), *Versos sencillos* (1891), y dos colecciones publicadas después de su muerte: *Versos libres* (1913) y *Flores del destierro* (1933).

## Preparación

En estos versos el poeta describe su poesía. ¿Qué ideas o imágenes le sugieren las siguientes palabras que él usa para describirla?

espuma          monte          abanico de plumas
puñal           surtidor       acero

## *de Versos sencillos*

　　Si ves un monte de espumas°,
es mi verso lo que ves:
Mi verso es un monte, y es
un abanico de plumas°.

foam

**abanico...** feather fan

5　　Mi verso es como un puñal°
que por el puño° echa flor;
mi verso es un surtidor°
que da un agua de coral.

dagger
handle
fountain

　　Mi verso al valiente agrada°:
10 mi verso, breve° y sincero,
es del vigor del acero°
con que se funde la espada°.

pleases
brief
steel
sword

## Díganos...

1. En el primer verso, ¿qué palabras usa Martí para dar la idea de que su poesía es ligera (*light*)?
2. ¿Qué echa el puñal por el puño?
3. ¿De qué color es el agua que brota del surtidor?
4. ¿Con qué compara Martí el vigor de su poesía?

## Desde el punto de vista literario

Comente Ud...[1]

¿Qué metáforas usa Martí para describir su poesía?

---

[1]Los conceptos literarios aparecen definidos en el apéndice, páginas 152–156.

# ANTONIO MACHADO
## (ESPAÑA: 1875–1939)

La poesía del sevillano Antonio Machado, que está considerado como el gran poeta de la Generación de 1898, es de profunda espiritualidad. Su obra poética, que no es muy extensa, se concentra en ciertos temas esenciales: los recuerdos de su juventud, el amor, los paisajes de Castilla y Andalucía, España y, sobre todo, el tiempo, la muerte y Dios. Sus obras más importantes son *Soledades* (1903), *Soledades, galerías y otros poemas* (1907), *Campos de Castilla* (1912) y *Nuevas canciones* (1925).

## Preparación

Antes de leer el poema, piense en las ideas o imágenes que le sugieren las siguientes palabras.

caminante
huellas
camino

# Poema XXIII

Caminante°, son tus huellas°    Traveller / footprints
el camino, y nada más;
caminante, no hay camino,
se hace camino al andar.
5 Al andar se hace camino,
y al volver la vista atrás°    al... looking back
se ve la senda° que nunca    path
se ha de volver a pisar°.    to set foot on
Caminante, no hay camino,
10 sino estelas° en la mar.    wakes of a ship

(*De* Proverbios y cantares)

## Díganos...

1. ¿Qué representa el caminante?
2. ¿Qué representa el camino?
3. ¿A qué se refiere Antonio Machado cuando habla de la "senda que nunca se ha de volver a pisar"?

## Desde el punto de vista literario

Comente Ud...[1]

¿Cuál es el tema de este poema?

---

[1]Los conceptos literarios aparecen definidos en el apéndice, páginas 152–156.

# FEDERICO GARCÍA LORCA
## (ESPAÑA: 1898–1936)

Federico García Lorca es uno de las poetas españoles más conocidos en todo el mundo. Su poesía combina lo popular con lo artístico, lo intelectual con lo intuitivo, y lo tradicional con lo moderno. Crea así una poesía que es a la vez profundamente española y universal. Además de poeta, Lorca fue un gran dramaturgo, y tanto en su poesía como en su obra teatral el tema central es el amor violento y apasionado que conduce a la muerte. Entre sus libros de poesía más famosos figuran *Romancero gitano* (1928), *Poemas del cante jondo* (1931) y *Llanto por Ignacio Sánchez Mejías* (1935).

## Preparación

Lea los dos primeros versos de "Canción de jinete". ¿Qué tono establecen?

# Canción de jinete°                                   rider

Córdoba.
Lejana° y sola.                                        Far away

Jaca° negra, luna° grande,                             Mare / moon
y aceitunas° en mi alforja°.                           olives / saddlebag
5  Aunque sepa los caminos
yo nunca llegaré a Córdoba.

Por el llano°, por el viento,                          plain
jaca negra, luna roja.
La muerte° me está mirando                             death
10  desde las torres° de Córdoba.                       towers

¡Ay qué camino tan largo!
¡Ay mi jaca valerosa°!                                 brave
¡Ay que la muerte me espera,
antes de llegar a Córdoba!

15  Córdoba.
Lejana y sola.

                    (*De* Canciones)

## Díganos...

1. ¿Adónde va el jinete?
2. ¿Cómo describe Lorca el ambiente?
3. ¿Por qué dice que nunca llegará a Córdoba?

## Desde el punto de vista literario

Comente Ud...[1]

¿Cómo usa Lorca el ambiente para dar énfasis al tema de su poema? Dé ejemplos.

---

[1]Los conceptos literarios aparecen definidos en el apéndice, páginas 152–156.

## ALFONSINA STORNI
## (ARGENTINA: 1892–1938)

Alfonsina Storni fue lo que hoy llamamos una feminista, una mujer de ideas liberales que luchó contra los prejuicios y las convenciones sociales de su época por conseguir una mayor libertad para la mujer. Su poesía es a veces torturada, intelectual y de ritmos duros. En ella se reflejan la inquietud de su vida y su idea de que la mujer, a pesar de ser igual que el hombre, vive en una especie de esclavitud con respecto a éste. El final de la vida de Alfonsina Storni fue trágico; al saber que tenía cáncer, escribió una breve composición poética que tituló "Voy a morir" y se suicidó arrojándose al mar. Entre sus libros de poemas podemos citar *El dulce daño* (1918); *Ocre* (1925), considerado por muchos críticos como el mejor; *Mundo de siete pozos* (1934) y *Mascarilla y trébol* (1938).

## Preparación

Haga su primera lectura de "Cuadrados y ángulos" en voz alta. ¿Cómo se relaciona el estilo empleado con el título del poema? ¿Qué le sugieren a Ud. las palabras "cuadrados y ángulos"?

# Cuadrados y ángulos

Casas enfiladas°, casas enfiladas,             in a line
casas enfiladas,
cuadrados°, cuadrados, cuadrados,             squares
casas enfiladas.
5 Las gentes ya tienen el alma° cuadrada,       soul
ideas en fila°                                 en... in a row
y ángulo en la espalda;
yo misma he vertido° ayer una lágrima°,        he... have shed / tear
Dios mío, cuadrada.

(*De* El dulce daño)

## Díganos...

1. Según la poetisa, ¿cómo es el alma de la gente?
2. ¿Cómo ve el mundo la poetisa?
3. ¿Qué crítica hace Alfonsina Storni en su poema?

## Desde el punto de vista literario

Comente Ud...[1]

¿Cómo expresa la autora la monotonía y la falta de individualidad del mundo actual?

---

[1]Los conceptos literarios aparecen definidos en el apéndice, páginas 152–156.

# ALFONSINA STORNI[1]
## (ARGENTINA: 1892–1938)

## Preparación

Antes de leer el poema, haga una lista de varias posibles interpretaciones del título "Hombre pequeñito".

# *Hombre pequeñito*

Hombre pequeñito, hombre pequeñito,
Suelta° a tu canario que quiere volar...          Let go
Yo soy el canario, hombre pequeñito,
déjame saltar°.                                    jump out

5   Estuve en tu jaula°, hombre pequeñito,      cage
hombre pequeñito que jaula me das.
Digo pequeñito porque no me entiendes,
ni me entenderás.

   Tampoco te entiendo, pero mientras tanto°     mientras... in the mean time
10 ábreme la jaula que quiero escapar;
hombre pequeñito, te amé media hora,
no me pidas más.

(*De* Irremediablemente)

## Díganos...

1. ¿Con qué se compara la poetisa en este poema?
2. ¿Cómo se ve, en este poema, la idea de la autora, de que la mujer está en una posición de esclavitud con respecto al hombre?

## Desde el punto de vista literario

Comente Ud...[2]

¿Qué símbolos usa Alfonsina Storni en su poema "Hombre pequeñito" para expresar la idea de la falta de libertad?

## Hacia el análisis de los poemas

En el apéndice, repase los términos literarios de la siguiente página y busque ejemplos de ellos en los poemas que Ud. ha leído.

---

[1]Biografía en la página 76.
[2]Los conceptos literarios aparecen definidos en el apéndice, páginas 152–156.

1. aliteración
2. encabalgamiento
3. personificación

4. consonancia
5. metáfora
6. símil

## Composición

Escoja Ud. el poema que más le gusta y escriba uno o dos párrafos explicando por qué se identifica Ud. con este poema.

## CAPÍTULO 9

# Daisy Zamora
## (Nicaragua: 1950–          )

La poesía de Daisy Zamora tiene gran influencia de los grandes poetas nicaragüenses. Uno de los temas principales de sus poemas es la vida de la clase trabajadora. En su poesía se ve su experiencia revolucionaria y su gran sensibilidad. El poema "Canto de esperanza" refleja el sufrimiento de su país dividido por la guerra. Otros temas de su poesía son la flora y la fauna de Nicaragua y las alegrías y las penas de la maternidad. El poema que se presenta a continuación es de su libro *La violenta espuma* (1968–1978).

## Preparación

Teniendo en cuenta que este poema está dedicado a la esperanza, ¿qué imágenes le sugieren las siguientes palabras: campos verdes, tierra negra, aves?

# Canto de esperanza

Algún día los campos° estarán siempre verdes          fields
y la tierra° será negra, dulce y húmeda.               earth
En ella crecerán° altos nuestros hijos                 will grow
y los hijos de nuestros hijos...

5   Y serán libres° como los árboles° del monte         free / trees
y las aves.

Cada mañana se despertarán felices de poseer la vida
y sabrán que la tierra fue reconquistada para ellos.

Algún día...

10  Hoy aramos° los campos resecos°                     we plow / dry
Pero cada surco° se moja° con sangre.                  furrow / is soaked

(*De* La violenta espuma)

## Díganos...

1. ¿Cómo estarán algún día los campos?
2. ¿Cómo será la tierra?
3. ¿Cómo serán los hijos?
4. ¿Cuál es la realidad actual?

## Desde el punto de vista literario

Comente Ud...[1]

1. ¿Cuál es el tema principal del poema?
2. ¿Qué otros temas puede encontrar?

[1]Los conceptos literarios aparecen definidos en el apéndice, páginas 152–156.

# AMADO NERVO[1]
## (MÉXICO: 1870–1919)

## Preparación

En su primera lectura de "¡Amemos!", présteles especial atención a los verbos.
¿Qué contrastes establece el poeta?

## ¡Amemos!

| | |
|---|---|
| Si nadie sabe ni por qué reímos° | we laugh |
| ni por qué lloramos°; | we cry |
| si nadie sabe ni por qué venimos | |
| ni por qué nos vamos; | |
| 5 si en un mar de tinieblas° nos movemos, | darkness |
| si todo es noche en rededor° y arcano°, | en... around / secret |
| ¡a lo menos° amemos! | a... at least |
| ¡Quizás° no sea en vano! | Perhaps |

(*De* Serenidad)

## Díganos...

1. Según el poeta, ¿cuál es la situación del ser humano en este mundo?
2. ¿Cómo describe el mundo?
3. ¿Ofrece el autor una posible solución? ¿Cuál?

## Desde el punto de vista literario

Comente Ud...[2]

1. ¿Cuál es el tema del poema?
2. ¿Hay un subtema? ¿Cuáles?

---

[1]Biografía en la página 67.

[2]Los conceptos literarios aparecen definidos en el apéndice, páginas 152–156.

## José Santos Chocano
### (Perú: 1875–1934)

La mayor ambición de este poeta peruano fue la de ser considerado "el cantor de América". El mundo americano es, pues, el tema central de su poesía. Entre sus obras principales figuran *Cantos del Pacífico, Fiat Lux* (1908) y *Oro de Indias* (1939–41). El poema que ofrecemos a continuación es de tono más bien meditativo, y es uno de los mejores del autor.

## Preparación

Fíjese en el título del poema y lea los cuatro primeros versos. ¿Qué sabe Ud. ahora sobre el estado de ánimo del poeta y de las razones por las que se siente así?

# Nostalgia

|  |  |
|---|---|
| Hace ya diez años | |
| que recorro° el mundo. | travel |
| ¡He vivido poco! | |
| ¡Me he cansado mucho! | |
| 5    Quien vive de prisa° no vive de veras: | **de...** in haste |
| quien no echa raíces° no puede dar frutos. | roots |
| Ser río que corre, ser nube° que pasa, | cloud |
| sin dejar recuerdo ni rastro° ninguno, | trace |
| es triste; y más triste para quien se siente | |
| 10    nube en lo elevado, río en lo profundo. | |

• • •

|  |  |
|---|---|
| Estoy en la orilla° | edge |
| de un sendero° abrupto. | path |
| Miro la serpiente de la carretera | |
| que en cada montaña da vueltas a un nudo°; | knot |
| 15    y entonces comprendo que el camino es largo, | |
| que el terreno es brusco°, | rough |
| que la cuesta° es ardua°, | hill / difficult |
| que el paisaje es mustio°... | parched |
| ¡Señor! ya me canso de viajar, ya siento | |
| 20    nostalgia, ya ansío° descansar muy junto | I long |
| de los míos... Todos rodearán° mi asiento | will surround |
| para que les diga mis penas° y triunfos; | sorrows |
| y yo, a la manera del que recorriera | |
| un álbum de cromos°, contaré con gusto | prints |

25 las mil y una noches de mis aventuras
y acabaré con esta frase de infortunio°.                                    misfortune
    —¡He vivido poco!
    ¡Me he cansado mucho!

(*De* Fiat Lux)

## Díganos...

1. ¿Por qué dice el poeta que "quien vive de prisa no vive de veras"?
2. Al contemplar la vida, ¿qué descubre el poeta?
3. ¿Qué imagina el poeta que ocurrirá cuando esté con los suyos?
4. ¿Cómo terminará el poeta la narración de sus aventuras?

## Desde el punto de vista literario

Comente Ud...[1]

1. ¿Cuál es la función del estribillo en este poema?
2. ¿Ve Ud. un mensaje en el poema? ¿Cuál es?

---

[1]Los conceptos literarios aparecen definidos en el apéndice, páginas 152–156.

## JUAN RAMÓN JIMÉNEZ
## (ESPAÑA: 1881–1958)

Juan Ramón Jiménez nació en Moguer. Su poesía, al evolucionar, pasa de lo subjetivo sentimental a lo objetivo y finalmente a lo filosófico metafísico, en su búsqueda de la "poesía pura". Su mayor preocupación es la estética. Su obra es muy numerosa y el poeta trata constantemente de depurarla°. Merecen citarse entre sus obras más importantes *Poesías escojidas*[1] (1917), *Segunda antolojía poética* (1922), *Canción* (1936) y *Tercera antolojía*. Una de sus obras más logradas es un libro de prosa poética titulado *Platero y yo* (1914). En 1956, recibió el Premio Nobel de Literatura.

     °purify it

## Preparación

Fíjese en el título del poema. ¿Qué le sugiere a Ud.? El poeta habla sobre las cosas que él dejará y que son importantes para él. ¿Cuáles son las cosas que son importantes para Ud. y qué le sería difícil dejar?

## El viaje definitivo

...Y yo me iré. Y se quedarán los pájaros° cantando;     °birds
Y se quedará mi huerto°, con su verde árbol,     °orchard
y con su pozo° blanco.     °well
    Todas las tardes, el cielo será azul y plácido;
5  y tocarán°, como esta tarde están tocando,     °will ring
las campanas del campanario°.     °bell tower
    Se morirán aquéllos que me amaron;
y el pueblo° se hará nuevo cada año;     °town
y en el rincón° aquel de mi huerto florido y encalado°,     °corner / whitewashed
10 mi espíritu errará° nostáljico...     °will wander
    Y yo me iré; y estaré solo, sin hogar°, sin árbol     °home
verde, sin pozo blanco,
sin cielo azul y plácido...
Y se quedarán los pájaros cantando.

          (*De* Segunda antolojía poética)

---

[1]Juan Ramón Jiménez usaba la j en vez de la g.

## Díganos...

1. Según el poema, ¿qué quedará después de la muerte del poeta?
2. ¿Quedará algo del poeta en el lugar que tanto ama?
3. ¿Cuáles son las cosas que el poeta ama?

## Desde el punto de vista literario

Comente Ud...[2]

¿En qué forma expresa Juan Ramón Jiménez la idea de que después de su muerte la vida continúa?

---

[2]Los conceptos literarios aparecen definidos en el apéndice, páginas 152–156.

# NICOLÁS GUILLÉN
## (CUBA: 1902–        )

En la obra de Nicolás Guillén se ven tres direcciones fundamentales: la de la poesía negra, la de la poesía social y la neopopular de raíz folclórica. Su principal aportación técnica a la poesía es el *poema-son* inspirado en este motivo de la música popular cubana. Entre sus mejores libros de poemas pueden citarse *Motivos de son* (1930), *Sóngoro cosongo* (1931), *Cantos para soldados y sones para turistas* (1937), *Elegías* (1958) y *Antología mayor* (1964).

## Preparación

¿Qué le sugieren a Ud. el título y la primera estrofa de este poema?

# No sé por qué piensas tú...

No sé por qué piensas tú
soldado° que te odio° yo,　　　　　　　　　　　　　　　soldier / hate
si somos la misma cosa°,　　　　　　　　　　　　　　　**la...** the same thing
yo,
5  tú.

Tú eres pobre°, lo soy yo;　　　　　　　　　　　　　　poor
soy de abajo°, lo eres tú:　　　　　　　　　　　　　　　**de...** working class
¿de dónde has sacado° tú,　　　　　　　　　　　　　　**de...** where did you get the
soldado, que te odio  yo?　　　　　　　　　　　　　　　　idea

10  Me duele que a veces tú
te olvides de quién soy yo;
caramba, si yo soy tú,
lo mismo que tú eres yo.

Pero no por eso yo
15  he de malquererte°, tú:　　　　　　　　　　　　　　　hate you
si somos la misma cosa,
yo,
tú,
no sé por qué piensas tú,
20  soldado, que te odio yo.

Ya nos veremos yo y tú,
juntos° en la misma calle,　　　　　　　　　　　　　　together
hombro° con hombro, tú y yo,　　　　　　　　　　　　shoulder
sin odios ni yo ni tú,
25  pero sabiendo tú y yo,
a dónde vamos yo y tú...

¡No sé por qué piensas tú,
soldado, que te odio yo!

(*De* Cantos para soldados y sones para turistas)

## Díganos...

1. ¿Qué le pregunta el poeta al soldado?
2. ¿En qué se parecen el poeta y el soldado?
3. Según el poeta, ¿dónde y en qué circunstancias se encontrarán él y el soldado algún día?

## Desde el punto de vista literario

Comente Ud...[1]

1. Teniendo en cuenta la métrica y la rima, ¿cómo clasifica Ud. los versos de este poema?
2. ¿Por qué es importante el uso de los pronombres *tú* y *yo*?

---

[1]Los conceptos literarios aparecen definidos en el apéndice, páginas 152–156.

## DELMIRA AGUSTINI
## (URUGUAY: 1886–1914)

Delmira Agustini nació de padres ricos y recibió una esmerada° educación. Su poesía es    thorough
sensual y erótica. Sus obras principales son: *El libro blanco* (1907), *Cantos de la mañana*
(1910) y *Los cálices vacíos* (1913).

## Preparación

La palabra "inefable" significa "que no puede explicarse con palabras". Teniendo
esto en cuenta y leyendo los dos primeros versos del poema, ¿qué sentimientos
cree Ud. que va a expresar la autora: alegría, angustia, tristeza...?

## Lo inefable

Yo muero extrañamente... No me mata la Vida,
no me mata la Muerte, no me mata el Amor;
muero de un pensamiento° mudo° como una herida°...    thought / mute / wound
¿No habéis sentido nunca el extraño dolor

5      de un pensamiento inmenso que se arraiga° en la vida    **se...** takes root
devorando alma y carne, y no alcanza a dar flor°?    **no...** doesn't bloom
¿Nunca llevasteis dentro una estrella° dormida    star
que os abrasaba° enteros y no daba un fulgor?...    burned

¡Cumbres° de los Martirios°!... ¡Llevar eternamente    height / martyrdom
10   desgarradora° y árida, la trágica simiente°    tearing / seed
clavada° en las entrañas° como un diente feroz!    nailed / guts

Pero arrancarla° un día en una flor que abriera    pull it out
milagrosa, inviolable... ¡Ah, más grande no fuera
tener entre las manos la cabeza de Dios!

(*De* Cantos de la mañana)

## Díganos...

1. ¿Cómo describe la poetisa el pensamiento que la está matando?
2. ¿Con qué compara ese pensamiento?
3. Para la poetisa, ¿cuál es la cumbre de los martirios?

## Desde el punto de vista literario

Comente Ud...[1]

La rima del poema, ¿es asonante o consonante? ¿Cómo clasificaría Ud. los versos
de este poema según el número de sílabas?

[1]Los conceptos literarios aparecen definidos en el apéndice, páginas 152–156.

## JUANA DE IBARBOUROU
## (URUGUAY: 1895–1979)

Esta poetisa fue llamada "Juana de América" por la pureza de sus poemas. Se ha dicho que su obra poética pasa por los ciclos orgánicos de nacimiento, juventud, madurez y vejez. De sus libros —*Las lenguas de diamante* (1919), *Raíz salvaje* (1920), *La rosa de los vientos* (1930) y *Oro y tormenta* (1956)— se desprende un cierto narcisismo y una deliciosa feminidad, especialmente en *Las lenguas de diamante*, considerado su mejor creación. De este poemario es el soneto que presentamos a continuación.

## Preparación

Fíjese en el título del poema. ¿Qué le sugiere a Ud.? ¿Qué características tienen las personas rebeldes?

## *Rebelde*

Caronte[1]: yo seré un escándalo en tu barca°.　　　　　barge
Mientras las otras sombras° recen°, giman°, o lloren,　　shadows / pray / moan
y bajo tus miradas de siniestro patriarca
las tímidas y tristes, en bajo acento, oren°,　　　　　pray

5　　yo iré como una alondra°, cantando por el río　　　lark
y llevaré a tu barca mi perfume salvaje°,　　　　　　wild
e irradiaré en las ondas° del arroyo° sombrío　　　　waves / brook
como una azul linterna° que alumbrará° en el viaje.　lantern / will glow

　　Por más que° tú no quieras, por más guiños° siniestros　**Por...** Even if / winks
10　que me hagan tus dos ojos, en el terror maestros,
Caronte, yo en tu barca seré como un escándalo.

　　Y extenuada° de sombra, de valor y de frío,　　　exhausted
cuando quieras dejarme a la orilla° del río　　　　　shore
me bajarán tus brazos cual° conquista de vándalo.　like a

(*De* Las lenguas de diamante)

[1]Barquero (*boatman*) de los infiernos, que pasaba en su barca las almas (*souls*) de los muertos por la laguna Estigia.

## Díganos...

1. ¿Quién es Caronte y qué representa?
2. ¿Qué diferencia habrá entre la actitud de la poetisa y la de las otras almas?

## Desde el punto de vista literario

Comente Ud...[2]

Estudiando este poema, señale las características del soneto.

---

[2]Los conceptos literarios aparecen definidos en el apéndice, páginas 152–156.

## SOR JUANA INÉS DE LA CRUZ
## (MÉXICO: 1648–1695)

Una de las figuras más sobresalientes de la literatura hispanoamericana es la de Sor Juana Inés de la Cruz, cuyo verdadero nombre era Juana de Asbaje. En 1669 se hizo monja y se dedicó a escribir. Su obra se conoció extensamente en vida de la autora, tanto en España como en Hispanoamérica. A pesar de esto, Sor Juana tuvo que defender su vocación intelectual en una sociedad en que se pensaba que sólo debían de ser intelectuales los hombres. La autora cultivó diversos géneros, entre ellos poesía, ensayo y teatro. Su obra pertenece al barroco. La Décima Musa, como la llamaron sus contemporáneos, tuvo como preocupación principal durante toda su vida el amor al saber y el deseo de defender el derecho de las mujeres a estudiar.

### Preparación

Antes de leer el poema, piense en el ambiente histórico y cultural de la época de Sor Juana. ¿Cómo se imagina Ud. el México del siglo XVII? ¿Qué tipo de relación cree Ud. que mantenían los hombres y las mujeres de aquella época?

## Redondillas

|   |   |
|---|---|
| Hombres necios° que acusáis | foolish |
| a la mujer sin razón, |   |
| sin ver que sois la ocasión° | reason |
| de lo mismo que culpáis°; | blame |
| 5 si con ansia° sin igual | eagerness |
| solicitáis° su desdén, | request |
| ¿por qué queréis que obren° bien | behave |
| si las incitáis al mal°? | evil |
| Combatís su resistencia |   |
| 10 y luego, con gravedad, |   |
| decís que fue liviandad° | imprudence |
| lo que hizo la diligencia. |   |
| Dan vuestras amantes penas |   |
| a sus libertades alas°, | wings |
| 15 y después de hacerlas malas |   |
| las queréis hallar° muy buenas. | find |
| ¿Cuál mayor culpa ha tenido |   |
| en una pasión errada°: | gone wrong |
| la que cae° de rogada°, | falls / when begged |
| 20 o el que ruega de caído? |   |

¿O cuál es más de culpar°,
aunque° cualquiera mal haga:
la que peca° por la paga°,
o el que paga por pecar?

25 Pues, ¿para qué os espantáis°
de la culpa que tenéis?
Queredlas cual° las hacéis
o hacedlas cual las buscáis.

**de...** to be blamed
even though
sins / pay

**para...** why are you surprised
just as

## Díganos...

1. ¿A quiénes está dirigido el poema de Sor Juana?
2. ¿De qué acusa a los hombres?
3. Para Sor Juana, ¿quién es más culpable, el hombre o la mujer? ¿Por qué?

## Desde el punto de vista literario

Comente Ud...[1]

Señale Ud. las características de la redondilla en cuanto a métrica y a rima.

---

[1]Los conceptos literarios aparecen definidos en el apéndice, páginas 152–156.

## Pablo Neruda
## (Chile: 1904–1973)

Neruda está considerado como uno de los más grandes poetas del siglo XX. Su obra ha sido traducida a numerosos idiomas y ha tenido una gran influencia en la poesía moderna. Entre sus libros más conocidos están *Veinte poemas de amor y una canción desesperada* (1924), *España en el corazón* (1937) y *Canto general* (1950). La temática de su poesía evoluciona de la preocupación por el amor a los temas políticos. En 1971 Neruda obtuvo el Premio Nobel de Literatura.

## Preparación

En este poema el autor habla de su tristeza ante la ausencia de la persona que él ama. ¿Qué ideas vienen a su mente cuando Ud. recuerda una experiencia similar?

## *Poema 10*

Hemos perdido aun este crepúsculo°.                                    twilight
Nadie nos vio esta tarde con las manos unidas
mientras la noche azul caía° sobre el mundo.                           fell

He visto desde mi ventana
5  la fiesta del poniente° en los cerros° lejanos.                     west / hills

A veces como una moneda°                                              coin
se encendía° un pedazo de sol entre mis manos.                        se... was lit

Yo te recordaba con el alma° apretada°                                soul / tightened
de esa tristeza° que tú me conoces.                                   sadness

10  Entonces, ¿dónde estabas?
¿Entre qué gentes?
¿Diciendo qué palabras°?                                              words
¿Por qué se me vendrá° todo el amor de golpe°                         se... will I feel / de... all of a
cuando me siento triste, y te siento lejana°?                         sudden / distant

15  Cayó el libro que siempre se toma en el crepúsculo,
y como un perro herido° rodó° a mis pies mi capa.                     wounded / slid

Siempre, siempre te alejas° en las tardes                             te... you go away
hacia donde el crepúsculo corre borrando° estatuas.                   erasing

## Díganos...

1. ¿A qué hora del día recuerda el poeta a su amada?
2. ¿Cómo describe el poeta la puesta del sol (*sunset*)?
3. ¿Qué se pregunta el poeta?

## Desde el punto de vista literario

Comente Ud...[1]

1. ¿Cuál es el tono del poema?
2. Busque en el poema las imágenes que usa el poeta para presentar el crepúsculo.

## Hacia el análisis de los poemas

Repase los términos literarios que aparecen en el apéndice, y vea si encuentra
ejemplos de lo siguiente en los poemas que Ud. ha leído.

1. aliteración
2. encabalgamiento
3. personificación

4. consonancia
5. metáfora
6. símil

## Composición

Escoja Ud. el poema que más le guste y escriba uno o dos párrafos explicando por
qué se identifica con este poema.

---

[1]Los conceptos literarios aparecen definidos en el apéndice, páginas 152–156.

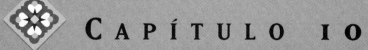

## CAPÍTULO 10

## OLGA RAMÍREZ DE ARELLANO
## (PUERTO RICO: 1911–        )

Olga Ramírez de Arellano cursó sus estudios universitarios en la Universidad de Puerto Rico especializándose en historia y en literatura española.

Ha publicado numerosos libros de poemas y ha recibido un gran número de premios, entre ellos el del Instituto de Literatura Puertorriqueña. Se destaca también en el campo de la prosa. En el año 1967 recibió el premio del Club Cívico de Damas por su libro *Diario de la montaña*.

## Preparación

Este cuento gira alrededor de ciertos temores que siente la protagonista, y a los que considera sus "adversarios". ¿Cuáles son algunas fobias que tienen ciertas personas y que les impiden vivir normalmente?

# El adversario

Sabía que no me costaba más remedio°. Tenía que penetrar en su interior y hacer el viaje dentro de él. Por fuerza me veía obligada. Mi madre estaba recluida° en un hospital de Nueva York, gravemente enferma. Él me llevaría más rápido que ninguna otra máquina, a menos que decidiese romperse° en las nubes nada más 5 que para fastidiarme. Eso es lo terrible de estos artefactos, no tienen alma°, no sienten. Lo mismo le hubiese dado desbaratarse y destruirme°.

Junto a mí. una joven señora me preguntó:

—Está nerviosa... ¿verdad?

—Claro... una nunca sabe...

10 —¿Whisky?

—Sí, puro°... Así, sin agua, solamente un poco de hielo.

Yo tomé el vaso pero no bebí. El licor y yo somos enemigos igual que el avión y yo. El licor me produce extrañas reacciones de profundas alergias como es el sentir súbitamente°, después de un trago°, una mano feroz que me aprieta° detrás 15 de las orejas°. Ya que° iba por fuerza en brazos de un enemigo... ¿cómo, por todos los santos°, me iba a tragar otro? ¡Imposible! ¡Imposible!

La señora insiste bondadosamente° en que ingiera° a mi adversario. Deseo explicarle. Ella no entiende. Dice que eso es mental. Hay que dominar° la mente. ¡Qué absurdo! No es mental, es puramente fisiológico. Ella pide para mí una 20 copita° de vino. ¡Santa Marta! El vino representa, no ya un enemigo, sino el más ensañado° criminal.

—Señora, perdone... no puedo... Le suplico que no insista. Además me duele la garganta°, no me siento bien.

**no...** I had no other alternative / **estaba...** was a patient

to break down

soul

**Lo...destruirme...** It could just as soon have crashed and destroyed me.

straight

suddenly / drink / **me...** presses ears / **Ya...** Since

**por...** in heaven's name kindly / I should swallow master

small glass

cruel

throat

—Pero eso se arregla° inmediatamente. Tengo unas pastillas° aquí de peni-
25 cilina. Son estupendas. Se curará tan maravillosamente bien que no va a sentir ya
nada más... Usted tiene fiebre... Puedo notarla por encima de su manga°. Está
hirviendo°.

Saca los comprimidos° y me los da. Idiotamente extiendo la mano para tomar a
mi tercer adversario. Lo miro cuidadosamente, con terror, como quien mira la
30 muerte. Son amarillos, el color de la muerte. Por mi mente° pasa el recuerdo° de la
primera y única vez que tomé esta sustancia por prescripción de un facultativo°. En
aquella ocasión perdí el habla°, aunque no la conciencia. Hubiese sido mejor perder
la conciencia porque me hubiese ahorrado la agonía de la lucha. Recuerdo las
primeras convulsiones y como en una niebla, los rostros espantados° de los seres
35 que amo° tratando de llegar a mí, a mi desesperación, en un esfuerzo por salvarme;
y yo sintiéndome sumergir° sin remedio en un pozo° oscuro de asfixia y terror.

La señora me dice, desilusionada:

—¿Pero... no las va a tomar? Aquí está el agua. Ande°, verá que luego no
sufrirá ya más. No sea tímida... Yo la miro lentamente y sé, sin lugar a dudas°, que
40 esta amable y diligente compañera de viaje es mi cuarta y peor enemiga, la suma
de todos mis adversarios, el más encarnizado°, el más temible°. En sus verdes ojos
veo retratada a la pelona°. La pelona lleva un elegante vestido, zapatos de piel° de
cocodrilo y un broche de brillantes y zafiros en la solapa°. La pelona toma su
whisky con cierto deleite°. Me observa. Husmea°. Me ofrece sus atenciones con una
45 delicadeza° de tigre a punto de° saltar. Y todo el tiempo sonríe, sonríe, sonríe...

Estoy en guardia. En mis dedos°, disimuladamente°, trituro° las pastillas.
Polvo amarillo mancha° mis dedos. El vaso con el whisky, que había colocado en
el asiento junto a mí, humedece° mi falda. Pero no me arriesgo° a moverme, ni a
llamar a la azafata° para que lo tome, ni a hacer un gesto que la obligue a desviar°
50 otra vez su atención hacia mí. No quiero que se le vaya a ocurrir otra
maquinación. Que se olvide que existo. Que se olvide que me tiene a su lado°.

Transcurre el tiempo lento, demasiado lento. ¡Quién pudiera acelerar el
tiempo! Ella continúa bebiendo. Habla con el caballero° de la derecha. Le ofrece
cigarrillos que él acepta cortésmente. Al rato, por el rabo del ojo° la veo que
55 inclina la cabeza hacia atrás. Parece dormir. Ahora la puedo mirar sin temor. ¡Si
es viejísima° y parecía joven! Miles de pequeñísimas arrugas° le circundan° los
ojos por debajo de los afeites° y en el cuello° tiene un doble mentón° que parece
una pomarrosa° arrugada. Las pestañas° son postizas°. Encuentro su rostro realmente fascinante y no puedo dejar de contemplarlo°. Los párpados°, pintados de
60 verde, se ven espesos°, densos. Su nariz, respingada° y gruesa, no parece respirar.
La boca es una línea apenas perceptible, larga y fina. Antes no me había fijado,
pero no advierto° en esos labios vitalidad; se notan como inertes°. Sobre la frente
cae un mechón de pelo° teñido°. Pero me equivoco. Es una peluca°. Puedo ver
exactamente el punto tejido° de donde arrancan los cabellos postizos. ¿Será tam-
65 bién postiza la piel? ¿Serán también postizos los ojos debajo de los gruesos pár-
pados? Debajo del ultramoderno vestido... ¿Habrá solamente un esqueleto? Las
manos son horribles. Parecen guantes. Mucho más blancas que la máscara del rostro. Sus largas y flacas piernas me cierran el paso° ya que estoy del lado de la ventanilla. Estoy atrapada°. Si me levanto la despierto y se volverá contra mí°. Lo sé.
70 Mejor es que duerma, mejor es que duerma eternamente. ¿No es ella eso mismo,

| | |
|---|---|
| **se...** can be fixed / pills | |
| sleeve | |
| boiling (hot) | |
| pills | |
| mind / memory | |
| doctor | |
| speech | |
| frightened | |
| **seres...** my loved ones | |
| sinking / deep hole | |
| Go ahead | |
| **sin...** without a doubt | |
| cruel / feared | |
| death / skin | |
| lapel | |
| pleasure / She smells | |
| shrewdness / **a...** on the verge of | |
| fingers / on the sly / crush | |
| stains | |
| wets / risk | |
| stewardess / to switch | |
| **a...** next to her | |
| gentleman | |
| **por...** through the corner of my eye | |
| **Si...** Why she's very old | |
| wrinkles / surround | |
| make-up / neck / chin | |
| rose apple / eyelashes / false | |
| **dejar...** stop staring at it / eyelids | |
| thick / turned up | |
| notice / paralyzed | |
| **mechón...** lock of hair / dyed / wig | |
| woven | |
| **me...** block my way | |
| trapped / **se...** will turn against me | |

una eternidad oscura, una terrible y espantosa° sombra°? En mi pensamiento le    frightful / shadow
suplico que duerma. La siento hacer un ruido extraño y noto que su cutis° se ha    skin
tornado verdoso°. Tiemblo. ¡Que no despierte! Grito estas palabras dentro de mí    greenish
una y mil veces. El grito quiere salir y exteriorizarse, pero le mantengo oculto°    hidden
75  para que no me delate° la cobardía°, la íntima e impotente pequeñez°. Si sabe que    give away / cowardice / smallness
le temo ganará más pronto el duelo, el terrible e ineludible° duelo final...    inevitable

En el fondo del avión se iluminan las letras que ordenan abrochar los cintu-    abrochar... fasten one's seat
rones de seguridad° y el jet desciende rápido por entre las nubes. Abajo está    belt
Nueva York bajo un espléndido sol de primavera. Estoy a punto de llegar a mi sal-
80  vación. Rezo°... No sé lo que rezo... Aterrizamos°...    I pray / We land

Me suelto° el cinturón y quiero salir de mi asiento, pero la pasajera continúa    unbuckle
dormida. Todos los otros están de pie. Se visten sus gabanes°, sus abrigos. Buscan    overcoats
sus pertenencias°. El caballero de la derecha dice refiriéndose a la durmiente:    belongings

—Parece que ha cogido una turca°. Nunca he visto una mujer tomar tanto en    Parece... She seems to be
85  tan corto tiempo.    drunk.

Yo le suplico:

—Señor... ¿puede darme la mano y ayudarme a salir?

Él, muy gentil°, lo hace. Se coloca detrás de mí en el pasadizo° entre los asien-    gracious / aisle
tos. De pronto uno de los camareros cerca de nosotros trata de despertar a la
90  pasajera. Al ver que no contesta la zarandea° suavemente° por un hombro. La    he shakes / gently
mujer cae de lado°, inerte, en el asiento que yo acabo de abandonar. El empleado    de... sideways
le toma el pulso, la mira asombrado° y dice:    astonished

—Esta señora está muerta.

# Vocabulario

| | |
|---|---|
| **amable, atento(a)**   kind, polite | **junto a**   next to |
| **colocar**   to place | **la lucha**   struggle, fight |
| **cuidadosamente**   carefully | **la muerte**   death |
| **equivocarse**   to be mistaken | **la niebla**   fog, mist |
| **fastidiar**   to annoy, to vex | **la nube**   cloud |
| **flaco(a)**   skinny | **el polvo**   powder, dust |
| **gravemente**   seriously | **saltar**   to jump |
| **gritar**   to scream | **suplicar, rogar** (o → ue)   to beg |
| **hacia atrás**   backwards | **el temor**   fear |
| **hielo**   ice | **tragar**   to swallow |

## Palabras y más palabras

¿Qué palabra o palabras corresponden a lo siguiente?

1. rogar
2. atento
3. cometer un error
4. seriamente
5. lo opuesto de vida
6. dar un salto

7. con cuidado
8. poner
9. muy delgado
10. miedo
11. agua en estado sólido
12. cerca de
13. lo opuesto de *hacia adelante*
14. dar gritos
15. causar fastidio

## Díganos...

1. ¿Qué sabía la protagonista que tenía que hacer y por qué?
2. ¿Qué opinión tenía la narradora de los aviones?
3. ¿Por qué no bebe ella el licor que le ofrece su compañera de viaje?
4. ¿Qué dice la narradora sobre el vino?
5. ¿Por qué le ofrece penicilina su compañera de asiento?
6. ¿Qué efectos le causa la penicilina a la protagonista?
7. ¿Cuántos adversarios tiene la narradora y a cuáles considera los más peligrosos?
8. ¿Cómo va vestida la compañera de asiento de la protagonista?
9. ¿Con quién la compara y qué es lo único que desea que ella haga?
10. ¿Con quién habla la "pelona" mientras bebe?
11. ¿Qué nota la protagonista cuando su compañera de asiento se queda dormida?
12. ¿Qué cosas piensa la narradora que tiene postizas su vecina de asiento?
13. ¿Qué teme la protagonista que pase si su compañera se despierta?
14. ¿Qué hace la protagonista cuando el avión va a aterrizar?
15. ¿Qué piensa de la pelona el caballero?
16. ¿Qué pasa cuando uno de los camareros trata de despertar a la pelona?

## Desde el punto de vista literario

Comente Ud...[1]

1. ¿Desde qué punto de vista está narrado el cuento?
2. ¿Cómo es el lenguaje que usa la autora?
3. ¿Es importante la descripción que hace la autora de la "pelona"? ¿Por qué?
4. ¿Cree Ud. que el cuento tiene un final irónico? ¿Por qué?

## Composición

Escriba una composición sobre el siguiente tema: Mis temores.

1. Señale cuáles son sus temores y qué efectos tienen en su vida.
2. Diga lo que Ud. ha tratado de hacer para vencer estos temores.

---

[1]Los conceptos literarios aparecen definidos en el apéndice, páginas 152–156.

## FEDERICO GARCÍA LORCA
## (ESPAÑA: 1898–1936)

Lorca, además de ser uno de los poetas españoles más conocidos mundialmente, fue un gran dramaturgo. Su carrera como autor teatral fue rápida y brillante. Tanto en la poesía de Lorca como en su obra teatral, el tema central es el amor violento y apasionado que conduce a la muerte. En sus obras dramáticas, la figura central es siempre la mujer, que simboliza la frustración amorosa o maternal.

Entre sus obras más famosas figuran *Bodas de sangre* (1933), *Yerma* (1934) y *La casa de Bernarda Alba* (1936). En esta última, que es la única totalmente escrita en prosa, el autor presenta el choque entre la voluntad de una madre dominante que trata de defender el honor familiar, y sus hijas, anhelantes de amor y de vida. En esta obra, como en las anteriormente citadas, el autor presenta el papel de la mujer en la España de su época.

## Preparación

Antes de leer la escena detalladamente, haga una lectura rápida para ver dónde tiene lugar la acción, cómo se llaman las cinco hijas de Bernarda Alba y quiénes son Pepe el Romano y la Poncia.

# La casa de Bernarda Alba

### (Selección adaptada)

*La obra comienza con los comentarios entre las criadas° de la casa, del velorio° y el entierro° del esposo de Bernarda. A través de° estas conversaciones, el autor nos da a conocer° el carácter° dominante de Bernarda, obsesionada por el qué dirán°, y la situación en que quedan ella y sus cinco hijas solteras: solamente Angustias, la mayor, tiene dote°, y por lo tanto, a pesar de tener cuarenta años y ser fea y enfermiza°, es la única que tiene probabilidades de casarse.*

*En el primer acto se presenta ya a Pepe el Romano, único personaje masculino. Aunque nunca aparece en escena, dicho personaje es el eje central° de la obra, pues es la causa de una ola de celos, odios° y envidias entre° las hermanas.*

| | |
|---|---|
| maids / wake | |
| burial / **A...** Through | |
| **da...** shows / personality / **el...** people's opinion | |
| dowry / sickly | |
| | |
| **eje...** central axis | |
| hatred / among | |

### Acto segundo

*(Habitación del interior de la casa de Bernarda. Las puertas de la izquierda dan a los dormitorios. Las hijas de Bernarda están sentadas en sillas bajas, cosiendo. Magdalena borda°. Con ellas está Poncia (la crida).)*

embroiders

ANGUSTIAS —Ya he cortado la tercera sábana.

5  MARTIRIO —Le corresponde a Amelia.

MAGDALENA —Angustias, ¿hay que poner también las iniciales de Pepe?

ANGUSTIAS —(*seca*) No.

| | | |
|---|---|---|
| MAGDALENA | —(*a voces*°) Adela, ¿no vienes? | **a...** loudly |
| AMELIA | —Estará acostada. | |
| 10 LA[1] PONCIA | —Ésa tiene algo. La encuentro nerviosa, asustada como si tuviera una lagartija° entre los pechos°. | lizard / breasts |
| MARTIRIO | —No tiene ni más ni menos que lo que tenemos todas. | |
| MAGDALENA | —Todas, excepto Angustias. | |
| ANGUSTIAS | —Yo me encuentro bien y al que le duela° que reviente°. | **al...** whoever doesn't like / can burst |
| 15 MAGDALENA | —Desde luego que hay que reconocer que lo mejor que has tenido siempre es la figura y la delicadeza°. | gentleness |
| ANGUSTIAS | —Afortunadamente, pronto voy a salir de este infierno. | |
| MAGDALENA | —¡Es posible que no salgas! | |
| MARTIRIO | —Dejad esa conversación. | |
| 20 ANGUSTIAS | —Y además, ¡más vale onza en el arca que ojos negros en la cara[2]! | |
| MAGDALENA | —Por un oído me entra y por otro me sale. | |
| AMELIA | —(*a Poncia*) Abre la puerta del patio para que nos entre un poco de aire. (*La criada lo hace.*) | |
| MARTIRIO | —Anoche no pude dormir por el calor. | |
| 25 AMELIA | —Yo tampoco. | |
| MAGDALENA | —Yo me levanté a refrescarme°. Había unas nubes negras de tormenta y hasta cayeron algunas gotas. | cool off |
| LA PONCIA | —Era la una de la madrugada y había fuego° en la tierra. También me levanté yo. Todavía estaba Angustias con Pepe en la ventana. | fire |
| 30 MAGDALENA | —(*con ironía*) ¿Tan tarde? ¿A qué hora se fue? | |
| ANGUSTIAS | —Magdalena, ¿por qué preguntas si lo viste? | |
| AMELIA | —Se iría a eso de la una y media. | |
| ANGUSTIAS | —¿Sí? ¿Tú cómo lo sabes? | |
| AMELIA | —Lo oí toser y oí los pasos° de su caballo. | steps |
| 35 LA PONCIA | —Pero si yo lo oí irse a eso de° las cuatro. | **a...** at about |
| ANGUSTIAS | —No sería él. | |
| LA PONCIA | —Estoy segura de que era él. | |
| AMELIA | —A mí también me pareció. | |
| MAGDALENA | —¡Qué cosa más rara! (*Pausa.*) | |
| 40 LA PONCIA | —Oye, Angustias. ¿Qué fue lo que te dijo la primera vez que vino a tu ventana? | |
| ANGUSTIAS | —Nada. ¡Qué me iba a decir! Cosas de conversación. | |
| MARTIRIO | —Verdaderamente es raro que dos personas que no se conocen se vean de pronto en una ventana y ya sean novios. | |
| 45 ANGUSTIAS | —Pues a mí no me pareció raro. | |
| AMELIA | —A mí me daría no sé qué°. | **A mí...** I would feel funny about it. |
| ANGUSTIAS | —No, porque, cuando un hombre viene a una reja° ya sabe por los que van y vienen° que se le va a decir que sí. | iron window grille **por...** from the people who come and go (to the house) |

---

[1]Sometimes the definite article is used in front of a first name.

[2]It's better to have money saved up than to be beautiful.

| | |
|---|---|
| MARTIRIO | —Bueno: pero él te lo tendría que decir. |
| 50  ANGUSTIAS | —¡Claro! |
| AMELIA | —(*curiosa*) ¿Y cómo te lo dijo? |
| ANGUSTIAS | —Pues nada: ya sabes que ando detrás de ti; necesito una mujer buena, y ésa eres tú si me dices que sí. |
| AMELIA | —¡A mí me darían vergüenza estas cosas! |
| 55  ANGUSTIAS | —Y a mí, pero hay que aceptarlas. |
| LA PONCIA | —¿Y habló más? |
| ANGUSTIAS | —Sí, siempre habló él. |
| MARTIRIO | —¿Y tú? |
| ANGUSTIAS | —Yo no pude decir nada. Casi se me salía el corazón por la boca. Era |
| 60 | la primera vez que estaba sola de noche con un hombre. |
| MAGDALENA | —Y un hombre tan guapo. |
| ANGUSTIAS | —No tiene mal tipo°. |
| LA PONCIA | —Esas cosas pasan entre personas educadas, que hablan y dicen y mueven la mano... La primera vez que mi marido Evaristo el Colín |
| 65 | vino a mi ventana... Ja, ja, ja. |
| AMELIA | —¿Qué pasó? |
| LA PONCIA | —Estaba muy oscuro. Lo vi venir y al llegar me dijo buenas noches. Buenas noches, le dije yo, y nos quedamos callados más de media hora. Me corría el sudor° por todo el cuerpo. Entonces Evaristo se |
| 70 | metió casi entre la reja y dijo con voz muy baja: ¡ven que te tiente°! (*Ríen todas. Amelia se levanta corriendo y espía por una puerta.*) |
| AMELIA | —¡Ay! Creí que llegaba nuestra madre. |
| MAGDALENA | —¡Buenas nos hubiera puesto°! (*Siguen riendo.*) |
| AMELIA | —Chiss... ¡Que nos van a oír! |
| 75  LA PONCIA | —Luego se portó bien. En vez de° hacer otras cosas se dedicó a criar pájaros° hasta que se murió. A vosotras que sois solteras os conviene saber de todos modos que el hombre a los quince días de boda deja la cama por la mesa y luego la mesa por la taberna y la que no se resigna se muere llorando en un rincón°. |
| 80  AMELIA | —Tú lo aceptaste. |
| LA PONCIA | —¡Yo fui más fuerte que él! |
| MARTIRIO | —¿Es verdad que le pegaste algunas veces? |
| LA PONCIA | —Sí, y casi lo dejo tuerto°. |
| MAGDALENA | —¡Así debían ser todas las mujeres! |
| 85  LA PONCIA | —Yo he seguido el ejemplo de tu madre. Un día me dijo no sé qué cosa y le maté todos los pájaros. (*Ríen.*) |
| MAGDALENA | —Adela, niña, no te pierdas esto. |
| AMELIA | —Adela. (*Pausa.*) |
| MAGDALENA | —Voy a ver. (*Entra.*) |
| 90  LA PONCIA | —Esa niña está mala. |
| MARTIRIO | —Claro, casi no duerme°. |
| LA PONCIA | —Pues ¿qué hace? |
| MARTIRIO | —¡Yo no sé lo que hace! |
| LA PONCIA | —Mejor lo sabrás tú que yo, que duermes cerca de ella. |
| 95  ANGUSTIAS | —La envidia la come. |

Glosses (right margin):

**No...** He's not bad looking.

sweat

**ven...** let me feel you

**Buenas...** She would have fixed us!

**En...** Instead of

birds

corner

one-eyed

**casi...** she hardly sleeps

| | | |
|---|---|---|
| AMELIA | —No exageres. | |
| ANGUSTIAS | —Se lo noto° en los ojos. Parece una loca. | notice |
| MARTIRIO | —No habléis de locos. (*Sale Magdalena con Adela.*) | |
| ADELA | —Me siento mal. | |
| 100  MARTIRIO | —(*con intención*) ¿Es que no has dormido bien anoche? | |
| ADELA | —Sí. | |
| MARTIRIO | —¿Entonces? | |
| ADELA | —(*fuerte*) ¡Déjame ya! ¡Yo hago con mi cuerpo lo que quiero! | |
| MARTIRIO | —¡Sólo es interés por ti! | |
| 105  ADELA | —Interés o inquisición. ¿No estabais cosiendo? Pues seguid. ¡Quisiera ser invisible, pasar por las habitaciones sin que nadie me preguntara adónde voy! | |
| CRIADA | —(*Entra.*) Bernarda os llama. Está el hombre de los encajes. (*Salen. Al salir, Martirio mira fijamente a° Adela.*) | **mira...** stares at |
| 110  ADELA | —¡No me mires más! Si quieres te daré mis ojos que son frescos y mis espaldas para que te compongas° la joroba° que tienes, pero vuelve la cabeza° cuando yo paso. (*Se va Martirio.*) | fix / hump

**vuelve...** turn your head |
| LA PONCIA | —¡Adela! ¡Recuerda que es tu hermana y además la que más te quiere! | |
| 115  ADELA | —Me sigue a todas partes. A veces entra en mi cuarto para ver si duermo. No me deja respirar. Y siempre, "¡qué lástima de cuerpo, que no vaya a ser para nadie!" ¡Y eso no! Mi cuerpo será de quien yo quiera. | |
| LA PONCIA | —(*con intención y en voz baja*) De Pepe el Romano. ¿No es eso? | |
| 120  ADELA | —(*asustada*) ¿Qué dices? | |
| LA PONCIA | —Lo que digo, Adela. | |
| ADELA | —¡Calla! | |
| LA PONCIA | —¿Crees que no me he dado cuenta? | |
| ADELA | —¡Baja la voz! | |
| 125  LA PONCIA | —¡Mata esos pensamientos°! | thoughts |
| ADELA | —¿Qué sabes tú? | |
| LA PONCIA | —Las viejas vemos a través de las paredes. ¿Adónde vas de noche cuando te levantas? | |
| ADELA | —¡Ciega debías estar! | |
| 130  LA PONCIA | —Con la cabeza y las manos llenas de ojos cuando se trata de lo que se trata. Por mucho que pienso no sé lo que quieres hacer. ¿Por qué te desvestiste con la luz encendida° y la ventana abierta al pasar Pepe el segundo día que vino a hablar con tu hermana? | on |
| ADELA | —¡No es verdad que yo hiciera eso! | |
| 135  LA PONCIA | —No seas como los niños chicos. ¡Deja en paz a tu hermana y si Pepe el Romano te gusta te aguantas°! (*Adela llora.*) Además, ¿quién dice que no te puedes casar con él? Tu hermana Angustias es una enferma. Ésa se muere con el primer parto°. Es estrecha de cintura°, vieja, y no hay duda de que se morirá. Entonces Pepe hará lo que hacen todos los viudos° en esta tierra: se casará con la más joven, la más hermosa, y ésa eres tú. Ten esperanza°, olvídalo, lo que quieras, pero no vayas contra la ley de Dios. | **te...** resign yourself

delivery (of a baby)

waist

widowers

hope |

# Vocabulario

**asustado(a)** frightened
**casarse con** to get married (to)
**los celos** jealousy
**ciego(a)** blind
**coser** to sew
**darle vergüenza a uno**
  to be embarrassed
**darse cuenta (de)** to notice, to realize
**de pronto, de repente** suddenly
**desde luego, por supuesto,**
  **claro** of course
**la gota** drop

**el infierno** hell
**llorar** to cry
**la madrugada** dawn
**parecer (yo parezco)** to seem
**pegar** to hit
**por lo tanto** so, therefore
**portarse, comportarse** to behave
**quedarse callado(a)** to remain silent
**respirar** to breathe
**la sábana** sheet
**seco(a)** dry
**toser** to cough

## Palabras y más palabras

¿Qué palabra o palabras corresponden a lo siguiente?

1. de repente
2. tener tos
3. donde vive el diablo
4. no hablar
5. persona que no ve
6. avergonzarse
7. notar
8. lo opuesto de reír
9. por supuesto
10. lo sienten las personas celosas
11. de modo que
12. que tiene temor
13. el comienzo del día
14. comportarse
15. ropa de cama

## Díganos...

1. ¿Qué sabemos de Bernarda Alba?
2. Angustias dice: "Más vale onza en el arca que ojos negros en la cara". ¿Qué quiere decir con esto? ¿Confirma la actitud de Pepe el Romano este refrán?
3. ¿Qué comentarios hace la Poncia sobre Adela?
4. ¿Qué discrepancia existe entre Amelia y la Poncia, en cuanto a la hora en que se marchó Pepe el Romano?
5. Cuando Pepe el Romano le habla a Angustias en la reja, ¿qué le dice?
6. ¿Cómo se sentía Angustias la primera vez que habló con Pepe el Romano? ¿Por qué?
7. Según la Poncia, ¿qué les conviene saber a las mujeres solteras?

8. ¿Cómo sabemos que la Poncia es una mujer muy fuerte?
9. ¿Qué sabemos de Adela y de Martirio?
10. ¿Qué enfurece a Adela de la conducta de Martirio?
11. ¿De qué acusa la Poncia a Adela?
12. ¿Cuál es la solución que la Poncia le sugiere a Adela?

## Desde el punto de vista literario

Comente Ud...[3]

1. ¿Cuál es el tema central de la obra y cuáles son los subtemas?
2. ¿Cómo es el lenguaje que usa Lorca en esta obra? Dé ejemplos.
3. ¿Son simbólicos los nombres de algunas de las hijas de Bernarda Alba? ¿Cuáles?
4. Magdalena dice que había nubes negras de tormenta. ¿En qué sentido hay también una tormenta dentro de cada personaje?
5. ¿Cómo logra (*succeeds*) el autor presentar la tensión que existe entre los personajes?
6. ¿Ve Ud. alguna relación entre el comportamiento de Adela y el hecho de que Pepe el Romano no se fue de la casa a la una y media, sino a las cuatro?
7. Según la obra, ¿cuál era el papel de la mujer en la época de Lorca?

## Composición

Escriba una composición sobre el siguiente tema: El papel de la mujer en la sociedad española en la época de Lorca, y el papel de la mujer en la sociedad actual.

---

[3]Los conceptos literarios aparecen definidos en el apéndice, páginas 152–156.

# ANA MARÍA MATUTE
## (ESPAÑA: 1926–          )

Ana María Matute es una de las novelistas españolas más famosas de nuestra época. Nació en Barcelona en el año 1926 y comenzó a escribir desde muy joven; a los diecisiete años ya había terminado su primera novela, *Los Abel* (1948).

Su producción literaria es muy amplia y variada; entre sus novelas podemos citar, además de *Los Abel, Primera memoria* (Premio Nadal, 1961), y entre sus colecciones de cuentos *Historias de la Artámila* (1961) y *El arrepentido* (1961). Ana María Matute ha recibido numerosos premios, entre ellos el Premio Planeta, el Premio Nacional de Literatura, el Premio Nadal y el Premio Lazarillo.

El estilo de esta escritora es poético y vigoroso. La atmósfera de muchos de sus cuentos y novelas es trágica, y sus temas frecuentes son la incomunicación y la mezcla de amor y odio en las relaciones humanas.

## Preparación

Fíjese en el título del cuento. ¿Qué le sugiere a Ud.? Lea rápidamente los primeros cuatro párrafos y conteste las siguientes preguntas: ¿Quiénes son los personajes? ¿Qué sabemos de ellos? ¿Qué datos sabemos sobre dónde tiene lugar la historia?

# *El arrepentido*      *(Adaptado)*

El café era estrecho y oscuro. La fachada principal daba a° la carretera, y la posterior a la playa. La puerta que se abría a la playa estaba cubierta por una cortina de bambú, bamboleada° por la brisa.

Tomeu el Viejo estaba sentado en el quicio° de la puerta. Entre las manos
5  acariciaba lentamente una petaca de cuero° negro, muy gastada°. Miraba hacia más allá de la arena hacia la bahía. Se oía el ruido del motor de una barcaza° y el coletazo° de las olas contra las rocas. Una lancha vieja, cubierta por una lona°, se mecía blandamente, amarrada° a la playa.

—Así que es eso° —dijo Tomeu, pensativo. Sus palabras eran lentas y
10  parecían caer delante de él, como piedras. Levantó los ojos y miró a Ruti.

Ruti era un hombre joven, delgado y con gafas. Tenía ojos azules, inocentes, tras los cristales.

—Así es —contestó. Y miró al suelo.

Tomeu habló de nuevo mirando hacia el mar.
15  —¿Cuánto tiempo me das?

Ruti carraspeó°:

—No sé... a ciencia cierta°, no puede decirse así. Vamos: quiero decir, no es infalible.

—Vamos, Ruti. Ya me conoces: dilo. Ruti se puso encarnado°. Parecía que le
20  temblaban los labios.

—Un mes... acaso dos...

**daba...** faced

swayed
opening
**petaca...** leather tobacco
    pouch / worn out / barge
lash / canvas
moored
**Así...** So that's the way it is

cleared his throat
**a...** with certainty

**se...** went red

—Está bien, Ruti. Te lo agradezco, ¿sabes?... Sí, te lo agradezco mucho. Es mejor así.

Ruti guardó° silencio.                                                                    kept

25  —Ruti, —dijo Tomeu—. Quiero decirte algo: ya sé que eres escrupuloso pero quiero decirte algo, Ruti. Yo tengo más dinero del que la gente se figura°: ya ves,     se... think
un pobre hombre, un antiguo pescador, dueño de un cafetucho° de camino... Pero    cheap café
yo tengo dinero, Ruti. Tengo mucho dinero.

Ruti pareció incómodo. El color rosado de sus mejillas° se intensificó:                  cheeks

30  —Pero, tío... yo... ¡no sé por qué me dice esto!

—Tú eres mi único pariente, Ruti —repitió el viejo, mirando ensoñadora-
mente° al mar—. Te he querido mucho.                                                      nostalgically

Ruti pareció conmovido.

—Bien lo sé —dijo—. Bien me lo ha demostrado siempre.

35  —Volviendo a lo de antes°: tengo mucho dinero, Ruti. ¿Sabes? No siempre las    **Volviendo...** What I was
cosas son como parecen.                                                                   saying

Ruti sonrió. (Acaso quiere hablarme de sus historias de contrabando. ¿Creerá que
no lo sé? ¿Se figura, acaso, que no lo sabe todo el mundo? ¡Tomeu el Viejo! ¡Bastante
conocido, en ciertos ambientes! ¿Cómo hubiera podido costearme la carrera° de no    **costearme...** pay for my
40  ser así?) Ruti sonrió con melancolía. Le puso una mano en el hombro:                 studies

—Por favor, tío... No hablemos de esto. No, por favor... Además, ya he dicho:
puedo equivocarme. Sí: es fácil equivocarse. Nunca se sabe...

Tomeu se levantó bruscamente. La cálida brisa le agitaba los mechones°              hair
grises:

45  —Entra, Ruti. Vamos a tomar una copa° juntos.                                     **tomar...** have a drink
El café estaba vacío a aquella hora. Dos moscas° se perseguían, con gran zumbido°.   flies / buzzing
Tomeu pasó detrás° del mostrador y llenó dos copas de coñac. Le ofreció una:        behind

—Bebe, hijo.

Nunca antes le llamó hijo. Ruti parpadeó° y dio un sorbito°.                         blinked / sip

50  —Estoy arrepentido —dijo el viejo, de pronto°.                                    **de...** suddenly

Ruti lo miró fijamente.

—Sí —repitió—. Estoy arrepentido.

—No le entiendo, tío.

—Quiero decir: mi dinero, no es un dinero limpio. No, no lo es.

55  Bebió su copa de un sorbo, y se limpió los labios con el revés° de la mano.       back

—Nada me ha dado más alegría: haberte hecho lo que eres, un buen médico.

—Nunca lo olvidaré —dijo Ruti, con voz temblorosa. Miraba al suelo otra
vez, indeciso.

—No bajes los ojos. Ruti. No me gusta que desvíen la mirada° cuando yo           **desvíen...** look away
60  hablo. Sí, Ruti: estoy contento por eso. ¿Y sabes por qué?

Ruti guardó silencio.

—Porque gracias a ello tú me has avisado de la muerte. Tú has podido recono-
cerme°, oír mis quejas, mis dolores, mis temores... Y decirme, por fin: acaso un    examine me
mes, o dos. Sí, Ruti: estoy contento, muy contento.

65  —Por favor, tío. Se lo ruego°. No hable así... todo esto es doloroso°. Olvidémoslo.   beg / painful

—No, no hay por qué olvidarlo. Tú me has avisado y estoy tranquilo. Sí, Ruti:
tú no sabes cuánto bien me has hecho.

Ruti apretó la copa entre los dedos y luego la apuró°, también de un trago°.       drank it up / swallow

—Tú me conoces bien, Ruti. Tú me conoces muy bien.

70    Ruti sonrió pálidamente.

El día pasó como otro cualquiera. A eso de las ocho, cuando volvían los obreros de la fábrica° de cemento, el café se llenó. El viejo Tomeu se portó como todos los días, como si no quisiera amargar° las vacaciones de Ruti con su flamante° título recién estrenado°. Ruti parecía titubeante°, triste. Más de una vez vio

75    que lo miraba en silencio.

El día siguiente transcurrió, también, sin novedad°. No se volvió a hablar del asunto entre ellos dos. Tomeu más bien parecía alegre. Ruti, en cambio, serio y preocupado.

Pasaron dos días más. Un gran calor se extendía sobre la isla. Ruti daba paseos

80    en barca, bordeando° la costa. Su mirada azul, pensativa, vagaba° por el ancho cielo. El calor pegajoso° le humedecía la camisa, adhiriéndosela al cuerpo°. Regresaba pálido, callado. Miraba a Tomeu y respondía brevemente a sus preguntas.

Al tercer día, por la mañana, Tomeu entró en el cuarto de su sobrino y ahijado°. El muchacho estaba despierto.

85    —Ruti —dijo suavemente.

Ruti echó mano de° sus gafas, apresuradamente.

—¿Qué hay, tío?

Tomeu sonrió.

—Nada —dijo—. Salgo, ¿sabes? Quizá tarde algo. No te impacientes.

90    Ruti palideció°.

—Está bien —dijo. Y se echó hacia atrás, sobre la almohada°.

Era ya mediodía cuando bajó al café. La puerta que daba a la carretera estaba cerrada. Por lo visto° su tío no tenía intención de atender a la clientela.

Ruti se sirvió café. Luego salió atrás, a la playa. La barca amarrada se ba-

95    lanceaba lentamente.

A eso de las dos vinieron a avisarle. Tomeu se había pegado un tiro, en el camino de la Tura. Debió de hacerlo cuando salió, a primera hora de la mañana.

Ruti se mostró muy abatido°. Estaba pálido y parecía más miope° que nunca.

—¿Sabe Ud. de alguna razón que llevara a su tío a hacer esto?

100    —No, no puedo comprenderlo... no puedo imaginarlo. Parecía feliz.

Al día siguiente, Ruti recibió una carta. Al ver la letra con su nombre en el sobre, palideció y lo rasgó°, con mano temblorosa. Aquella carta debió de echarla su tío al correo° antes de suicidarse, al salir de su habitación.

"Querido Ruti: Sé muy bien que no estoy enfermo, porque no sentía ninguno

105    de los dolores° que te dije. Después de tu reconocimiento° consulté a un médico y quedé completamente convencido. No sé cuánto tiempo habría vivido aún con mi salud envidiable, porque estas cosas, como tú dices bien, no se saben nunca del todo°. Tú sabías que si me creía condenado, no esperaría la muerte en la cama, y haría lo que he hecho, a pesar de° todo; y que, por fin, me heredarías°. Pero te

110    estoy muy agradecido, Ruti, porque yo sabía que mi dinero era sucio, y estaba ya cansado. Cansado y, tal vez, eso que se llama arrepentido. Para que Dios no me lo tenga en cuenta° —tú sabes, Ruti, que soy buen creyente° a pesar de tantas cosas—, les dejo mi dinero a los niños del Asilo."

factory

spoil

impressive / **recién**... newly obtained / hesitant

news

staying close to / roamed sticky / body

godson

**echó**... reached for

turned pale pillow

**Por**... Apparently

dejected / nearsighted

tore open **echarla**... mail it

pains / check up

**del**... completely **a**... despite / **me**... you would inherit me

**no**... doesn't hold it against me / believer

# Vocabulario

acariciar   to caress
acaso, quizá(s)   perhaps
agradecer (yo agradezco)   to thank
la arena   sand
avisar   to let know, to warn
la bahía   bay
la carrera   university studies
la carretera   highway, road
conmovido(a)   moved
equivocarse   to be wrong,
    to make a mistake
las gafas, los anteojos, los lentes
    eyeglasses
hacia   toward

el hombro · shoulder
los labios   lips
la letra   handwriting
el mar   sea
el mostrador   counter
el (la) obrero(a)   laborer, worker
la ola   wave
el pariente   relative
pegarse un tiro   to shoot oneself
la piedra   stone, rock
la queja   complaint
el sobre   envelope
tranquilo(a)   calm

## Palabras y más palabras

Complete lo siguiente usando las palabras del vocabulario.

1. Marisa miraba _____ la bahía.
2. Edgardo se pegó un _____ en la cabeza.
3. No veo bien; necesito usar _____.
4. Yo le _____ mucho los favores que Ud. me ha hecho.
5. Estaba muy _____ y tenía lágrimas en los ojos.
6. Mi tío Ernesto es mi _____ favorito.
7. Mi hermano me pagó la _____ de médico.
8. No le gusta nada. Estoy cansado de escuchar sus _____.
9. Me escribió una nota, pero yo no entiendo su _____.
10. Voy a poner la carta en el _____.
11. Él estaba nervioso, pero ella estaba _____.
12. La madre _____ al niño con ternura.
13. Estela nunca hace nada bien. Siempre se _____.
14. No le gusta bañarse en el _____ porque le tiene miedo a las olas.
15. Yo le voy a _____ que ellos llegan mañana.
16. Esa _____ es la que lleva al pueblo.
17. Los niños hacían castillos de _____ en la playa.
18. Puse las bebidas en el _____ del café.

## Díganos...

1. ¿Cómo es Ruti y qué relación tiene con Tomeu el Viejo?
2. ¿Cómo ganó Tomeu su dinero?
3. ¿Qué tiene Ruti que agradecerle a Tomeu?
4. Según Ruti, ¿cuánto tiempo de vida le queda a su tío?

5. ¿Qué vinieron a avisarle a Ruti a eso de las dos del tercer día?
6. ¿Cómo se mostró Ruti al oír la noticia?
7. ¿Qué recibió Ruti al día siguiente?
8. ¿Por qué sabía Tomeu que él no estaba enfermo?
9. ¿Por qué se suicidó Tomeu?
10. ¿Por qué no le dejó el dinero a su sobrino?

## Desde el punto de vista literario

Comente Ud...[1]

1. ¿En qué ambiente se desarrolla el cuento "El arrepentido"?
2. El lenguaje que utiliza la autora en este cuento es poético. Dé Ud. ejemplos de esto.
3. ¿Es inesperado el desenlace de este cuento? ¿Por qué?
4. ¿Hay ironía en el cuento? Dé ejemplos.

## Composición

Escriba uno o dos párrafos sobre lo siguiente: ¿Qué habría pasado si Ruti le hubiera dicho la verdad a su tío?

---

[1]Los conceptos literarios aparecen definidos en el apéndice, páginas 152–156.

# ERNESTO SÁBATO
## (ARGENTINA: 1911– )

Ernesto Sábato es uno de los escritores contemporáneos más conocidos. En 1938 se doctoró en física, pero pronto abandonó la ciencia para dedicarse a su verdadera vocación, la literatura. En 1945 ganó el Premio Municipal con una colección de ensayos filosóficos, y desde entonces ha publicado varias novelas.

Sábato, como muchos otros novelistas de su época, trata de presentar en sus obras algunos de los problemas que más angustian al hombre moderno. En 1948 publicó *El túnel*, obra que ha sido traducida internacionalmente. En *El túnel*, Sábato presenta la historia del pintor Juan Pablo Castel, desde que conoció a María Iribarne, hasta que la asesinó. La obra presenta un cuadro de la angustia psicológica del protagonista en un ambiente de misterio y de gran dramatismo. Otras obras de Sábato son sus novelas *Sobre héroes y tumbas* (1961), *Abaddon, el exterminador* y *Antes del fin* (1993).

## Preparación

Antes de leer "El túnel" detalladamente, lea el primer párrafo y trate de predecir qué tipo de persona es Juan Pablo Castel.

¿Qué le sugiere a Ud. el título de esta novela?

¿Cómo se siente una persona que está en un túnel?

# *El túnel*

## I

Bastará decir que soy Juan Pablo Castel, el pintor que mató a María Iribarne; supongo que el proceso° está en el recuerdo de todos y que no se necesitan mayores explicaciones sobre mi persona.

Aunque ni el diablo sabe qué es lo que va a recordar la gente, ni por qué. En realidad, siempre he pensado que no hay memoria colectiva, lo que quizá sea una forma de defensa de la especie humana. La frase "todo tiempo pasado fue mejor" no indica que antes sucedieran menos cosas malas, sino que —felizmente— la gente las echa en el olvido°. Desde luego, semejante° frase no tiene validez universal; yo, por ejemplo me caracterizo por recordar preferentemente los hechos° malos y, así, casi podría decir que "todo tiempo pasado fue peor", si no fuera° porque el presente me parece tan horrible como el pasado; recuerdo tantas calamidades, tantos rostros° cínicos y crueles, tantas malas acciones, que la memoria es para mí como la temerosa° luz que alumbra° un sórdido museo de la vergüenza. ¡Cuántas veces he quedado aplastado° durante horas, en un rincón oscuro del taller°, después de leer una noticia en la sección policial°! Pero la verdad es que no siempre lo más vergonzoso° de la raza humana aparece allí; hasta cierto punto°, los criminales son gente más limpia, más inofensiva; esta afirmación° no la hago porque yo mismo haya matado a un ser humano: es una honesta y profunda convicción. ¿Un individuo es pernicioso? Pues se lo liquida° y se acabó. Eso es lo que

**Glosses (right margin):**

proceso — trial

echa... — forget / such (a)
happenings
si... — were it not

faces
dreadful / shines on
crushed
workshop / sección... — police briefs
shameful / hasta... — up to a certain point / statement

se... — one kills him

20 yo llamo una *buena acción*. Piensen cuánto peor es para la sociedad que ese individuo siga destilando su veneno°. En lo que a mí se refiere°, debo confesar que
ahora lamento no haber aprovechado mejor el tiempo de mi libertad, liquidando
a seis o siete tipos que conozco.

    Que el mundo es horrible, es una verdad que no necesita demostración.
25 Bastaría un hecho para probarlo, en todo caso: hace un tiempo° leí que en un
campo de concentración un ex pianista se quejó de hambre y entonces lo
obligaron a comerse una rata, *pero viva*°.

    No es de eso, sin embargo, de lo que quiero hablar ahora; ya diré más ade-
lante°, si hay ocasión, algo más sobre este asunto° de la rata.

poison / **En...** As for me

**hace...** a while back

alive

**más...** later on / business

## II

30 Como decía, me llamo Juan Pablo Castel. Podrán preguntarse qué me mueve a
escribir la historia de mi crimen (no sé si ya dije que voy a relatar° mi crimen) y, sobre
todo, a buscar un editor. Conozco bastante bien el alma° humana para prever° que
pensarán en la vanidad. Piensen lo que quieran: me importa un bledo; hace rato que°
me importan un bledo la opinión y la justicia de los hombres. Supongan, pues, que
35 publico esta historia por vanidad. Al fin de cuentas° estoy hecho de carne, huesos,
pelo y uñas como cualquier otro hombre y me parecería muy injusto que exigiesen°
de mí, precisamente de mí, cualidades especiales; uno se cree a veces un superhom-
bre, hasta que advierte° que también es mezquino°, sucio y pérfido. De la vanidad
no digo nada: creo que nadie está desprovisto de° este notable motor del Progreso
40 Humano. Me hacen reír esos señores que salen con° la modestia de Einstein o gente
por el estilo°; respuesta: *es fácil ser modesto cuando se es famoso*; quiero decir *parecer*
modesto. Aun cuando se imagina que no existe en absoluto, se la descubre de pronto
en su forma más sutil: la vanidad de la modestia. ¡Cuántas veces tropezamos° con esa
clase de individuos! Hasta° un hombre, real o simbólico, como Cristo, el ser ante
45 quien he sentido y aún hoy siento una reverencia más profunda, pronunció palabras
sugeridas por la vanidad o al menos por la soberbia°. ¿Qué decir de León Bloy[1], que
se defendía de la acusación de soberbia argumentando que se había pasado la vida
sirviendo a individuos que no le llegaban a las rodillas°? La vanidad se encuentra en
los lugares más inesperados: al lado de la bondad°, de la abnegación, de la generosi-
50 dad. Cuando yo era chico y me desesperaba° ante la idea de que mi madre debía
morirse un día (con los años se llega a saber que la muerte no sólo es soportable° sino
hasta reconfortante), no imaginaba que mi madre pudiese tener defectos. Ahora que
no existe, debo decir que fue tan buena como puede llegar a serlo un ser humano.
Pero recuerdo, en sus últimos años, cuando yo era un hombre, cómo al comienzo me
55 dolía descubrir debajo de sus mejores acciones un sutilísimo ingrediente de vanidad
o de orgullo. Algo mucho más demostrativo me sucedió a mí mismo cuando la ope-
raron de cáncer. Para llegar a tiempo tuve que viajar dos días enteros° sin dormir.
Cuando llegué al lado de su cama, su rostro de cadáver logró sonreírme levemente°,
con ternura, y murmuró unas palabras para compadecerme° (¡ella se compadecía de
60 mi cansancio!). Y yo sentí dentro de mí, oscuramente, el vanidoso orgullo de haber

tell
soul / predict
**hace...** it's been a while

**Al...** After all
they demanded

notices / mean / evil
**desprovisto...** free from
**salen...** come up with
**por...** like that

we come in contact
Even

haughtiness

knees

kindness
**me...** I despaired
bearable

**dos...** two whole days
slightly
feel sorry for me

---

[1]Escritor francés

acudido° tan pronto. Confieso este secreto para que vean hasta qué punto no me creo   come
mejor que los demás.

    Sin embargo, no relato esta historia por vanidad. Quizá estaría dispuesto a
aceptar que hay algo de orgullo o de soberbia. Pero ¿por qué esa manía de querer
65 encontrar explicación a todos los actos de la vida? Cuando comencé este relato°   tale
estaba firmemente decidido a no dar explicaciones de ninguna especie°. Tenía   kind
ganas de contar la historia de mi crimen, y se acabó°: al que no le gustara, que no   y... and that's that
la leyese. Aunque no lo creo, porque precisamente esa gente que siempre anda
detrás° de las explicaciones es la más curiosa y pienso que ninguno de ellos se   anda... go after
70 perderá° la oportunidad de leer la historia de un crimen hasta el final.   se... will miss
    Podría reservarme los motivos que me movieron° a escribir estas páginas de   led
confesión; pero como no tengo interés en pasar por° excéntrico, diré la verdad,   pasar... being taken for
que de todos modos° es bastante simple: pensé que podrían ser leídas por mucha   de... anyway
gente, ya que ahora soy famoso; y aunque no me hago muchas ilusiones° acerca   me... have high hopes
75 de° las páginas en particular, me anima la débil esperanza de humanidad en ge-   acerca... about
neral y acerca de los lectores de éstas que alguna persona llegue a entenderme.
AUNQUE SEA UNA SOLA PERSONA.

    "¿Por qué —se podrá preguntar alguien— apenas° una débil esperanza° si el   barely / **débil**... faint hope
manuscrito va a ser leído por tantas personas?" Éste es el género° de preguntas que   kind
80 considero inútiles. Y no obstante° hay que preverlas, porque la gente hace cons-   no... nevertheless
tantemente preguntas inútiles, preguntas que el análisis más superficial revela°   reveal to be
innecesarias. Puedo hablar hasta el cansancio° y a gritos delante de una asamblea   hasta... until I get tired
de cien mil rusos: nadie me entendería. ¿Se dan cuenta de lo que quiero decir?

    Existió una persona que podría entenderme. *Pero fue, precisamente, la persona*
85 *que maté.*

# Vocabulario

| | |
|---|---|
| **aprovechar**   to take advantage | **inútil**   useless |
| **bastar, ser suficiente**   to be enough | **el orgullo**   pride |
| **el defecto**   fault | **sin embargo**   however |
| **el hueso**   bone | **suceder, pasar, ocurrir**   to happen |
| **importarle un bledo a uno**   not to care in the least | **tener ganas de**   to feel like |
| **inesperado(a)**   unexpected | **el tipo**   guy, fellow |
| **injusto(a)**   unfair | **la uña**   fingernail |
| **inofensivo(a)**   harmless | **la vergüenza**   shame |

## Palabras y más palabras

Busque en la columna **B** las respuestas a las preguntas de la columna **A**.

| A | B |
|---|---|
| 1. ¿Qué dijo Eva de ti? | a. Sí, pero no basta. |
| 2. ¿Tienes ganas de salir? | b. El orgullo. |
| 3. ¿Qué sucedió? | c. Los huesos. |

4. ¿Tienes dinero?

5. ¿Es un hombre peligroso?

6. ¿Trataste de ayudarlo?

7. ¿Cuál es su mayor defecto?

8. Ella es injusta con él, ¿no?

9. ¿Qué te dolía?

10. ¿Raúl vino a verte?

11. ¿Fuiste a casa de Ana?

12. ¿Tenías las uñas sucias?

d. Sí, pero fue inútil.

e. Sí, y aproveché la ocasión para pedirle dinero.

f. Sí, su visita fue inesperada

g. Un tipo tuvo un accidente.

h. No sé. Me importa un bledo su opinión.

i. Sí. ¡Qué vergüenza!

j. No, es inofensivo.

k. Sí, y sin embargo, él la ama.

l. No, quiero descansar.

## Díganos...

1. ¿Quién es Juan Pablo Castel y dónde está ahora?

2. Según Castel, ¿qué indica la frase "todo tiempo pasado fue mejor"?

3. ¿Qué cosas recuerda Castel?

4. ¿Qué piensa Castel de los criminales?

5. ¿Qué lamenta ahora?

6. ¿Qué nos cuenta para demostrar que el mundo es horrible?

7. ¿Qué cosas le importan un bledo a Castel?

8. ¿Qué piensa él de la vanidad?

9. ¿Qué opinión tiene Castel de su madre?

10. ¿Por qué escribe la historia de su crimen?

11. ¿Qué ejemplo da Castel para explicar la falta de comunicación entre los seres humanos?

12. ¿Quién fue la única persona capaz de entender a Castel?

## Desde el punto de vista literario

Comente Ud...[1]

1. ¿Cómo atrae Sábato la atención del lector desde el primer momento?

2. ¿Desde qué punto de vista está narrada la novela? ¿Le da esto más realidad? ¿Cómo?

3. ¿Qué clase de novela es *El túnel*? ¿Por qué?

4. ¿Qué sabemos sobre el protagonista?

5. ¿Cómo sabemos que el protagonista es un intelectual?

6. ¿Qué temas puede Ud. señalar en esta selección?

## Composición

Imagínese que Ud. es periodista, y que tiene la oportunidad de entrevistar a Juan Pablo Castel. Prepare una serie de preguntas para hacerle. ¿Cómo imagina Ud. que él las contestaría? Escriba la entrevista.

---

[1]Los conceptos literarios aparecen definidos en el apéndice, páginas 152–156.

## CAPÍTULO 12

## SILVIA MOLINA
## (MÉXICO: 1946–          )

Silvia Molina es novelista y cuentista. Su primera novela, *La mañana debe seguir gris*, publicada en 1977, recibió el Premio Villaurrutia. En esta obra la autora combina la auto-biografía con la ficción. Su segunda novela, *Ascensión Tun*, publicada en 1981, se basa en hechos históricos ocurridos en México en el siglo XIX.

En 1984 publicó un libro de cuentos titulado *Lides de estaño*. En estos cuentos ge-neralmente la protagonista es una mujer que recuerda su infancia, su adolescencia o su juventud. La mayoría de sus relatos son breves y de tono melancólico.

Entre sus temas están la sospecha, la desilusión y la soledad debidas principalmente a la falta de comprensión. El cuento que presentamos a continuación pertenece a este libro.

## Preparación

Lea cuidadosamente el primer párrafo. Fíjese en la opinión que tiene la narradora de su padre. Fíjese también en la idea que ella tiene de la "suerte". Teniendo esto en cuenta, trate de imaginar qué va a pasar con la casa nueva.

## *La casa nueva*

A Elena Poniatowska

Claro que no creo en la suerte, mamá. Ya está usted como mi papá. No me diga que fue un soñador; era un enfermo —con el perdón de usted. ¿Qué otra cosa? Para mí, la fortuna está ahí o, de plano° no está. Nada de que nos vamos a sacar° la lotería. ¿Cuál lotería? No, mamá. La vida no es ninguna ilusión; es la
5    vida, y se acabó°. Está bueno para los niños que creen en todo: "Te voy a traer la camita", y de tanto esperar, pues se van olvidando. Aunque le diré. A veces, pasa el tiempo y uno se niega a olvidar ciertas promesas; como aquella tarde en que mi papá me llevó a ver la casa nueva de la colonia° Anzures.

El trayecto° en el camión°, desde la San Rafael, me pareció diferente, mamá.
10   Como si fuera otro... Me iba fijando en los árboles —se llaman fresnos, insistía él—, en los camellones° repletos° de flores anaranjadas y amarillas —son girasoles y margaritas— decía.

Miles de veces habíamos recorrido° Melchor Ocampo, pero nunca hasta Gutemberg. La amplitud y la limpieza de las calles me gustaban cada vez más. No
15   quería recordar la San Rafael, tan triste y tan vieja: "No está sucia, son los años" —repelaba° usted siempre, mamá. ¿Se acuerda? Tampoco quería pensar en nues-tra privada° sin intimidad° y sin agua.

Mi papá se detuvo antes de entrar y me preguntó:

—¿Qué te parece? Un sueño, ¿verdad?
20   Tenía la reja° blanca, recién pintada. A través de ella vi por primera vez la casa nueva... La cuidaba un hombre uniformado. Se me hizo tan... igual que cuando usted compra una tela: olor a nuevo, a fresco, a ganas de sentirla.

*de...* absolutely
to win
*se...* that's all

neighborhood
stretch / bus (México)

big flowerpots / full

*habíamos...* we had gone
through

complained
dead-end street (México) /
privacy

ironwork on a window

Abrí bien los ojos, mamá. Él me llevaba de aquí para allá de la mano. Cuando subimos me dijo: "Ésta va a ser tu recámara°". Había inflado el pecho y hasta parecía que se le cortaba la voz° de la emoción. Para mí solita°, pensé. Ya no tendría que dormir con mis hermanos. Apenas abrí una puerta, él se apresuró: "Para que guardes la ropa". Y la verdad, la puse allí, muy acomodadita° en las tablas°, y mis tres vestidos colgados°, y mis tesoros en aquellos cajones°. Me dieron ganas de saltar° en la cama del gusto, pero él me detuvo y abrió la otra puerta: "Mira —murmuró— un baño". Y yo me tendí° con el pensamiento en aquella tina° inmensa, suelto° mi cuerpo para que el agua lo arrullara°.

Luego me enseñó su recámara, su baño, su vestidor. Se enrollaba el bigote como cuando estaba ansioso. Y yo, mamá, la sospeché enlazada° a él en esa camota —no se parecía en nada a la suya—, en la que harían sus cosas sin que sus hijos escucháramos. Después, salió usted recién bañada, olorosa a durazno°, a manzana, a limpio. Contenta, mamá, muy contenta de haberlo abrazado a solas, sin la perturbación ni los lloridos de mis hermanos.

Pasamos por el cuarto de las niñas, rosa como sus mejillas y las camitas geme-las°; y luego, mamá, por el cuarto de los niños que "ya verás, acá van a poner los cochecitos y los soldados". Anduvimos por la sala, porque tenía sala; y por el comedor y por la cocina y por el cuarto de lavar y planchar. Me subió hasta la azotea° y me bajó de prisa porque "tienes que ver el cuarto para mi restirador°". Y lo encerré ahí para que hiciera sus dibujos sin gritos ni peleas°, sin niños cállense que su papá está trabajando, que se quema las pestañas° de dibujante para darnos de comer.

No quería irme de allí nunca, mamá. Aun° encerrada viviría feliz. Esperaría a que llegaran ustedes, miraría las paredes lisitas°, me sentaría en los pisos de mosaico, en las alfombras, en la sala acojinada°; me bañaría en cada uno de los baños; subiría y bajaría cientos, miles de veces, la escalera de piedra y la de cara-col°; hornearía° muchos panes para saborearlos° despacito en el comedor. Allí esperaría la llegada de usted, mamá, la de Anita, de Rebe, de Gonza, del bebé, y mientras también escribiría una composición para la escuela: *La casa nueva.*

*En esta casa, mi familia va a ser feliz. Mi mamá no se volverá a quejar de la mugre° en que vivimos. Mi papá no irá a la cantina°; llegará temprano a dibujar. Yo voy a tener mi cuartito, mío, para mí solita; y mis hermanos...*

No sé qué me dio° por soltarme° de su mano, mamá. Corrí escaleras arriba, a mi recámara, a verla otra vez, a mirar bien los muebles y su gran ventanal; y toqué la cama para estar segura de que no era una de tantas promesas de mi papá, que allí estaba todo tan real como yo misma, cuando el hombre uniformado me ordenó:

—Bájate, vamos a cerrar.

Casi ruedo° las escaleras, el corazón se me salía por la boca:

—¿Cómo que van a cerrar, papá? ¿No es mi recámara?

Ni° con el tiempo he podido olvidar: que iba a ser nuestra cuando se hiciera la rifa°.

---

**Margin glossary:**

bedroom

**parecía...** it seemed that his voice broke / **Para...** Just for me
well arranged
shelves / hanging / drawers
**Me...** I felt like jumping
**me...** I stretched out
bathtub / relaxed / lull

tied

peach

twin

flat roof / drawing board
arguments
**se...** he works hard

Even
smooth
with lots of cushions

**la...** spiral staircase / I would bake / to savor them

filth / bar

**qué...** what got into me / to let go

**Casi...** I almost tumbled down

Not even
raffle

# Vocabulario

**apresurarse, apurarse**   to hurry up
**el bigote**   moustache
**cuidar**   to take care of
**de prisa**   in a hurry
**despacito**   very slowly
**detenerse**   to stop
**el dibujo**   drawing
**fijarse**   to notice
**el girasol**   sunflower

**la margarita**   daisy
**negarse (e → ie)**   to refuse
**el olor**   smell
**el pecho**   chest
**soñador(a)**   dreamer
**el sueño**   dream
**la suerte**   luck
**la tela**   fabric

## Palabras y más palabras

Complete lo siguiente usando las palabras del vocabulario.

1. Son las cinco y tengo que estar allí a las cinco y diez. Me tengo que _____.
2. No es una margarita; es un _____.
3. Necesito comprar _____ para hacerme un vestido.
4. Me gusta el _____ a rosas.
5. El viejo caminaba muy _____.
6. ¿Tienes un examen hoy? ¡Buena _____!
7. Se _____ a salir. Prefirió quedarse en su casa.
8. Cuando toso, me duele el _____.
9. Tiene barba y _____.
10. La joven caminaba de _____ porque estaba muy apurada.
11. Yo _____ a los niños cuando sus padres no están en la casa.
12. Lo llamé, pero no quiso _____ y siguió caminando.
13. El pobre es un soñador, pero sus _____ nunca se hacen realidad.
14. Los _____ de ese dibujante eran los mejores.
15. Desde el ómnibus nos íbamos _____ en la gente que pasaba.

## Díganos...

1. ¿Ve Ud. a la narradora como a alguien optimista o realista? ¿Por qué?
2. ¿Para qué la llevó su padre a la colonia Anzures?
3. ¿Qué le llamó la atención durante el trayecto?
4. ¿Qué contraste nota la niña entre las calles Melchor Ocampo y San Rafael?
5. Nombre algunas cosas que imaginó la niña al ver "su recámara".
6. ¿Cómo imaginaba la niña a su mamá en la nueva recámara?
7. ¿Qué otras partes de la casa le mostró su papá?
8. ¿Qué profesión tenía el padre de la niña?
9. ¿Qué pensaba hacer la niña en su nueva casa mientras esperaba la llegada de su familia?
10. ¿Cómo imaginaba la niña la vida en la nueva casa?
11. ¿Qué fue lo que destruyó los sueños de la niña?

12. ¿Qué era necesario que sucediera para que la niña y su familia pudieran mudarse a la casa nueva?

## Desde el punto de vista literario

Comente Ud...[1]

1. ¿Desde qué punto de vista está contado el cuento?
2. ¿Qué técnica utiliza la autora para llevar al lector al pasado?
3. ¿Qué tipo de lenguaje usa la autora?
4. ¿Cuáles son los temas de este cuento?

## Composición

Escriba una composición sobre el siguiente tema: Mi casa nueva. Imagine que Ud. y su familia se van a mudar a la casa de sus sueños. Descríbala y diga cómo va a ser su vida en la nueva casa.

---

[1]Los conceptos literarios aparecen definidos en el apéndice, páginas 152–156.

## GABRIEL GARCÍA MÁRQUEZ
## (COLOMBIA: 1928–         )

Gabriel García Márquez es uno de los escritores latinoamericanos más conocidos internacionalmente. En 1982 ganó el Premio Nobel de Literatura por su novela *Cien años de soledad*. En todas sus obras existe una mezcla de lo *real* con lo *maravilloso* y en ellas presenta muchos de los problemas de la sociedad latinoamericana de un modo caricaturesco. Entre sus obras son importantes *La hojarasca* (1955), *Crónica de una muerte anunciada* (1981), *El amor en los tiempos del cólera* (1985), y colecciones de cuentos como *Los funerales de la Mamá Grande* (1962), de donde es el cuento que aparece aquí, y *Doce cuentos peregrinos* (1992).

## Preparación

Al leer este cuento tenga en cuenta lo siguiente: Los protagonistas son un dentista sin título (*degree*) y el alcalde del pueblo.

- El dentista y el alcalde son enemigos políticos.

- El alcalde tiene un absceso en una muela y tiene la cara hinchada.

- El dentista no quiere extraerle la muela, pero el alcalde lo obliga.

- La extracción de la muela tiene que hacerse sin anestesia.
  Piense Ud. en lo que puede ocurrir en estas circunstancias.

## *Un día de éstos*    *(Adaptado)*

El lunes amaneció tibio° y sin lluvia. Don Aurelio Escovar, dentista sin título y buen madrugador°, abrió su gabinete° a las seis. Sacó de la vidriera° una dentadura postiza° montada aún en el molde de yeso y puso sobre la mesa un puñado de instrumentos que ordenó de mayor a menor, como en una exposición. Llevaba
5  una camisa a rayas, sin cuello°, cerrada arriba con un botón dorado, y los pantalones sostenidos con cargadores° elásticos. Era rígido, enjuto°, con una mirada que raras veces correspondía a la situación, como la mirada de los sordos.

Cuando tuvo las cosas dispuestas° sobre la mesa rodó la fresa° hacia el sillón de resortes y se sentó a pulir la dentadura postiza. Parecía no pensar en lo que
10  hacía, pero trabajaba con obstinación, pedaleando en la fresa incluso cuando no la usaba.

Después de las ocho hizo una pausa para mirar el cielo por la ventana y vio dos gallinazos° pensativos que se secaban al sol en el caballete° de la casa vecina. Siguió trabajando con la idea de que antes del almuerzo volvería a llover. La voz
15  de su hijo de once años lo sacó de su abstracción.

—Papá.

—¿Qué?

—Dice el alcalde que si le sacas una muela.

—Dile que no estoy aquí.

*(margin glosses)*

° warm

° early riser / (dentist's) office / glass cabinet / **dentadura...** dentures

° collar

° suspenders / skinny

° arranged / dentist's drill

° buzzards / ridge pole

20    Estaba puliendo un diente de oro. Lo retiró a la distancia del brazo y lo exa-
minó con los ojos a medio cerrar°. En la salita de espera volvió a gritar su hijo.      **a...** half closed
      —Dice que sí estás porque te está oyendo.
      El dentista siguió examinando el diente. Sólo cuando lo puso en la mesa con
los trabajos terminados, dijo:
25    —Mejor.
      Volvió a operar la fresa. De una cajita de cartón donde guardaba las cosas por      dental brige
hacer, sacó un puente° de varias piezas y empezó a pulir el oro.
      —Papá.
      —¿Qué?
30    Aún no había cambiado de expresión.
      —Dice que si no le sacas la muela te pega un tiro°.      **te...** he'll shoot you
      Sin apresurarse, con un movimiento extremadamente tranquilo, dejó de pe-
dalear en la fresa, la retiró del sillón y abrió por completo la gaveta inferior de la
mesa. Allí estaba el revólver.
35    —Bueno —dijo—. Dile que venga a pegármelo.
      Hizo girar el sillón hasta quedar de frente a la puerta, la mano apoyada° en el      resting
borde de la gaveta. El alcalde apareció en el umbral°. Se había afeitado la mejilla°      threshold / cheek
izquierda, pero en la otra, hinchada y dolorida, tenía una barba de cinco días. El
dentista vio en sus ojos muchas noches de desesperación. Cerró la gaveta con la
40 punta de los dedos y dijo suavemente:
      —Siéntese.
      —Buenos días —dijo el alcalde.
      —Buenos —dijo el dentista.
      Mientras hervían los instrumentos, el alcalde apoyó el cráneo en el cabezal°      headrest
45 de la silla y se sintió mejor. Respiraba un olor glacial. Era un gabinete pobre: una
vieja silla de madera, la fresa de pedal, y una vidriera con pomos de loza°. Frente      **pomos...** small porcelain
a la silla, una ventana. Cuando sintió que el dentista se acercaba, el alcalde afirmó          bottles
los talones° y abrió la boca.      heels
      Don Aurelio Escovar le movió la cara hacia la luz. Después de observar la
50 muela dañada°, ajustó la mandíbula con una cautelosa presión° de los dedos.      rotten / pressure
      —Tiene que ser sin anestesia —dijo.
      —¿Por qué?
      —Porque tiene un absceso.
      El alcalde lo miró en los ojos.
55    —Está bien —dijo, y trató de sonreír. El dentista no le correspondió. Llevó a
la mesa de trabajo la cacerola con los instrumentos hervidos y los sacó del agua
con unas pinzas° frías, todavía sin apresurarse. Después rodó la escupidera° con      pliers / spittoon
la punta del zapato y fue a lavarse las manos. Hizo todo sin mirar al alcalde. Pero
el alcalde no lo perdió de vista.
60    Era una cordal inferior. El dentista abrió las piernas y apretó la muela con el
gatillo° caliente. El alcalde se aferró a las barras de la silla, descargó toda su fuerza      forceps
en los pies y sintió un vacío helado en los riñones°, pero no soltó un suspiro. El      kidneys
dentista sólo movió la muñeca. Sin rencor, más bien con una amarga ternura, dijo:
      —Aquí nos paga veinte muertos, teniente.
65    El alcalde sintió un crujido° de huesos en la mandíbula y sus ojos se llenaron      crack
de lágrimas. Pero no suspiró hasta que sintió salir la muela. Entonces la vio a

través de las lágrimas. Le pareció tan extraña a su dolor, que no pudo entender la tortura de sus cinco noches anteriores. Inclinado sobre la escupidera, sudoroso, jadeante°, se desabotonó la guerrera° y buscó el pañuelo en el bolsillo del pan-
70 talón. El dentista le dio un trapo limpio.

    —Séquese las lágrimas° —dijo.

    El alcalde lo hizo. Estaba temblando. Mientras el dentista se lavaba las manos, vio el cielorraso desfondado° y una telaraña polvorienta° con huevos de araña e insectos muertos. El dentista regresó secándose las manos. "Acuéstese —dijo— y
75 haga buches° de agua de sal." El alcalde se puso de pie, se despidió con un saludo militar, y se dirigió a la puerta estirando las piernas, sin abotonarse la guerrera.

    —Me pasa la cuenta —dijo.

    —¿A usted o al municipio?

    El alcalde no lo miró. Cerró la puerta, y dijo, a través de la red metálica°.
80     —Es la misma vaina°.

*panting / military jacket*

**Séquese...** Dry your tears

**cielorraso...** crumbling ceiling / dusty

**haga...** gargle

**red...** screen thing

# Vocabulario

| | |
|---|---|
| **a rayas**  striped | **la madera**  wood |
| **el alcalde (la alcaldesa)**  mayor | **la muela**  molar, tooth |
| **amargo(a)**  bitter | **la muñeca**  wrist |
| **la caja**  box | **ponerse de pie**  to stand up |
| **el cartón**  cardboard | **pulir**  to polish |
| **la (muela) cordal, la muela del** | **el puñado**  handful |
|   **juicio**  wisdom tooth | **raras veces**  rarely |
| **dorado(a)**  golden | **respirar**  to breathe |
| **la gaveta, el cajón**  drawer | **sordo(a)**  deaf |
| **hervir (e → ie)**  to boil | **la telaraña**  spider's web |
| **hinchado(a)**  swollen | **el trapo**  rag |
| **la lágrima**  tear | |

## Palabras y más palabras

Busque en la columna **B** las respuestas a las preguntas de la columna **A**.

| A | B |
|---|---|
| 1. ¿Hubo elecciones? | a. Sí, y está hinchada. |
| 2. ¿Cómo es la camisa? | b. En la gaveta. |
| 3. ¿No te gusta el café? | c. La cordal. |
| 4. ¿Te duele la muñeca? | d. Muy raras veces. |
| 5. ¿La caja es de madera? | e. Dorado. |
| 6. ¿Dónde pusiste el trapo? | f. Sí, y Ana Peña es la nueva |
| 7. ¿Cuánto arroz le pongo? |   alcaldesa. |
| 8. ¿Viene a verte? | g. No puedo respirar. |
| 9. ¿Qué muela te duele? | h. No, de cartón. |
| 10. ¿No oye? | i. Se pusieron de pie. |
| | j. No, lo voy a hervir. |

| | |
|---|---|
| 11. ¿De qué color es? | k. No, está muy amargo. |
| 12. ¿Lo vas a freír? | l. Sí, hay muchas telarañas. |
| 13. ¿Qué te pasa? | m. A rayas. |
| 14. ¿Qué hicieron cuando él llegó? | n. No, es sordo. |
| 15. ¿Vas a limpiar aquí? | o. Un puñado. |

## Díganos...

1. ¿Se levantó temprano don Aurelio Escovar? ¿Cómo lo sabe?
2. ¿Cómo estaba vestido el dentista?
3. ¿Para qué vino el alcalde a verlo?
4. ¿Qué dijo el alcalde que haría si no le sacaba la muela?
5. ¿Qué aspecto tenía el alcalde?
6. ¿Cómo era el gabinete del dentista?
7. ¿Qué sintió el alcalde cuando el dentista le sacó la muela? ¿Lloró?
8. ¿Con qué se secó las lágrimas?
9. ¿Qué le recomendó el dentista que hiciera?
10. ¿Importaba a quién le pasara la cuenta el dentista? ¿Por qué?

## Desde el punto de vista literario

Comente Ud...[1]

1. ¿Cómo se describe el ambiente en el que se desarrolla el cuento? Dé ejemplos.
2. ¿Desde qué punto de vista está contado el cuento?
3. ¿Dónde cree Ud. que está la culminación del cuento?
4. ¿Cree Ud. que hay algún tipo de crítica social en la frase final del cuento? ¿Cuál?

## Composición

Escriba una composición sobre el siguiente tema: Excusas para no ir al dentista.

---

[1]Los conceptos literarios aparecen definidos en el apéndice, páginas 152–156.

# Selecciones poéticas

## César Vallejo
## (Perú: 1892–1938)

Este gran poeta peruano del siglo XX dedicó su vida a la poesía y a la política. Alma idea- sensitive
lista y sensible°, Vallejo creía en la hermandad de los seres humanos y la exaltó en sus versos.
Escribió *Los heraldos negros* (1918), *Trilce* (1922), *Poemas humanos* (1939) y *España, aparta
de mí este cáliz* (1939). El poema "Masa", que presentamos a continuación, pertenece a este
último libro.

## Preparación

Este poema trata de la hermandad y de la importancia de cada individuo. ¿Qué
palabras y expresiones le sugieren a Ud. estos temas?

## Masa

Al fin de la batalla,
y muerto el combatiente, vino hacia él un hombre
y le dijo: "¡No mueras; te amo tanto!"
Pero el cadáver ¡ay! siguió muriendo.

5  Se le acercaron dos y repitiéronle:
"¡No nos dejes! ¡Valor°! ¡Vuelve a la vida!"          Courage
Pero el cadáver ¡ay! siguió muriendo.

Acudieron° a él veinte, cien, mil, quinientos mil,      They came
clamando: "¡Tanto amor y no poder nada contra la muerte!"
10  Pero el cadáver ¡ay! siguió muriendo.

Le rodearon° millones de individuos,         **Le...** He was surrounded by
con un ruego común: "¡Quédate hermano!"
Pero el cadáver ¡ay! siguió muriendo.

Entonces todos los hombres de la tierra
15  le rodearon; les vio el cadáver triste, emocionado°:    touched
incorporóse° lentamente,                 he got up
abrazó al primer hombre; echóse a andar°...    **echóse...** he started to walk

## Díganos...

1. ¿Cuál es el estribillo en el poema "Masa", y qué logra (*achieves*) el poeta al
usarlo?
2. ¿Cuál es el tema del poema de César Vallejo?

## JUANA DE IBARBOUROU[1]
## (URUGUAY: 1895–1979)

### Preparación

Al leer el poema por primera vez, busque los adjetivos que utiliza la poetisa para describir la higuera. Basándose en ellos, ¿qué idea tiene Ud. del árbol?

# La higuera°

fig tree

Porque es áspera° y fea,
porque todas sus ramas° son grises,
yo le tengo piedad° a la higuera.

rough
branches
pity

En mi quinta° hay cien árboles bellos:
    ciruelos redondos°,
    limoneros rectos°,
y naranjos de brotes° lustrosos°.

orchard
**ciruelos...** round plum trees
straight
shoots / shiny

5

    En la primavera,
todos ellos se cubren de flores
    en torno a° la higuera.

**en...** around

10

Y la pobre parece° tan triste
con sus gajos torcidos° que nunca
de apretados capullos° se visten...

looks
**gajos...** twisted branches
**apretados...** tight buds

    Por eso,
cada vez que yo paso a su lado
digo, procurando°
hacer dulce° y alegre mi acento:
—Es la higuera el más bello
de los árboles todos del huerto.

trying
sweet

15

    Si ella escucha°,
si comprende el idioma en que hablo,
¡qué dulzura tan honda° hará nido°
en su alma° sensible de árbol.

listens
**dulzura...** deep sweetness / nest
soul

20

    Y tal vez, a la noche,
cuando el viento abanique° su copa°,
embriagada° de gozo° le cuente:
—Hoy a mí me dijeron hermosa.

fans / treetop
intoxicated / joy

25

### Díganos...

1. En el poema de Juana de Ibarbourou, ¿por qué está triste la higuera?
2. ¿Qué otros árboles hay en la quinta de la poetisa y cómo son?
3. ¿Qué le diría la higuera al viento si entendiera a la poetisa?

---

[1]Ver biografía en la página 89.

## HERIB CAMPOS CERVERA
## (PARAGUAY: 1908–1953)

Herib Campos Cervera dejó un solo libro, que tituló *Ceniza redimida*. Escribió poesía social, pero sus mejores poemas son aquéllos en los que expresa su amor y su nostalgia por su tierra.

## Preparación

Antes de leer "Un puñado de tierra" detalladamente, fíjese en el título y búsquelo en los versos del poema. ¿Qué le sugiere a Ud. esta repetición?

## Un puñado° de tierra

   handful

Un puñado de tierra
de tu profunda latitud;
de tu nivel de soledad perenne°;     perpetual
de tu frente de greda° cargada de sollozos germinales°.     clay / **sollozos...** budding sobs

5  Un puñado de tierra,
con el cariño° simple de sus sales     love
y su desamparada° dulzura de raíces.     helpless

Un puñado de tierra que lleve entre sus labios
la sonrisa y la sangre° de tus muertos.     blood
10  Un puñado de tierra
para arrimar° a su encendido número     to draw near
todo el frío que viene del tiempo de morir.

Y algún resto de sombra de tu lenta arboleda°     grove
para que me custodie° los párpados° del sueño.     guard / eyelids

15  Quise de Ti tu noche de azahares°;     orange blossoms
quise tu meridiano caliente y forestal;
quise los alimentos minerales que pueblan°     populate
los duros litorales de tu cuerpo enterrado°,     buried
y quise la madera de tu pecho.

20  Eso quise de Ti.
—Patria de mi alegría y de mi duelo°,     mourning
eso quise de Ti.

## Díganos...

1. Al leer este poema, ¿cómo se sabe que el autor está lejos de su país?
2. Herib Campos Cervera es un poeta paraguayo. Leyendo su poema, ¿cómo imagina Ud. el Paraguay?

# JULIA DE BURGOS
## (PUERTO RICO: 1916–1953)

Julia de Burgos pasó la mayor parte de su vida fuera de la isla de Puerto Rico (murió en Nueva York en 1953), y la pena del exilio se refleja en su poesía. En el poema que presentamos, la autora habla de su nostalgia del mar.

## Preparación

Al leer el poema por primera vez, fíjese en las frases que la autora usa para referirse al mar. ¿Qué tono le da esto al poema?

# *Letanía del mar*°  sea

Mar mío,
mar profundo que comienzas en mí,
mar subterráneo y solo
de mi suelo de espadas° apretadas.    swords

5   Mar mío,
mar sin nombre,
desfiladero turbio° de mi canción despedazada°,    desfiladero... muddy canyon / torn
roto y desconcertado° silencio transmarino,    bewildered
azul desesperado,
10  mar lecho°,    bed
mar sepulcro°...    tomb

Azul.
lívido azul,
para mis capullos° ensangrentados°,    buds / blood-stained
15  para la ausencia de mi risa°,    laughter
para la voz que oculta° mi muerte con poemas...    hides

Mar mío
mar lecho,
mar sin nombre,
20  mar a deshoras°,    a... untimely
mar en la espuma del sueño,
mar en la soledad desposando crepúsculos°,    desposando... bethrothing twilights
mar viento descalzando mis últimos revuelos°,    flyings to and fro
mar tú,
25  mar universo...

## Díganos...

1. ¿De qué manera expresa Julia de Burgos su obsesión por el mar que rodea (*surrounds*) su tierra?
2. ¿Qué representa este mar para ella?

# FRANCISCO MENA-AYLLÓN
## (ESPAÑA: 1936–        )

Francisco Mena-Ayllón nació en Madrid, pero vive en los Estados Unidos desde 1960. Ha publicado sus poemas en varias revistas españolas y latinoamericanas. Entre sus libros figuran *Retratos y reflejos* (1974), *Sonata por un amor* (1976), *Un grito a la vida* (1977) y *La tierra se ha vestido de vida* (1977). El poema que presentamos a continuación pertenece a la colección *Retratos y reflejos*.

## Preparación

Fíjese en el título del poema. ¿Qué le sugiere a Ud.? ¿Qué elementos o imágenes espera Ud. encontrar en un poema titulado "Otoño"?

## *Otoño*

|  |  |  |
|---|---|---|
| De los temblorosos° brazos | | trembling |
| cae la dorada pluma°. | | feather |
| Como barco en la mar | | |
| al aire se aventura. | | |
| 5 Y navega° el espacio | | sails |
| por tan sólo un instante. | | |
| Otra... | | |
| otra... | | |
| otra... | | |
| 10 Envidiosas persiguen° | | they chase |
| el rumbo° siniestro | | direction |
| de la nada. | | |
| Y en el polvo° mojado, | | dust |
| como pájaros° muertos | | birds |
| 15 se duelen | | |
| de no poder volver | | |
| al nido° de la rama°. | | nest / branch |

## Díganos...

1. ¿Qué símiles usa Francisco Mena-Ayllón en su poema "Otoño" para describir las hojas que caen de los árboles?
2. ¿Cuál es el tono del poema?

# Selecciones de prosa

## JAVIER DE VIANA
## (URUGUAY: 1868–1926)

Aunque escribió una novela, Javier de Viana se hizo famoso a través de sus cuentos, en los que generalmente presenta la vida del campo. Para él los hombres y las mujeres son productos de la tierra. Viana construía la mayor parte de sus cuentos basándose en hechos reales: un crimen, un engaño, las costumbres campesinas, escenas de la guerra, etc. Entre sus mejores colecciones de cuentos están *Campo* (1896), *Macachines* (1910), *Leña seca* (1911) y *Yuyos* (1912).

## Preparación

¿Qué le dice a Ud. el título del cuento? ¿Qué clase de persona es "el viejo Pedro"? El autor habla de la diferencia entre "matar" y "asesinar". ¿Qué cree Ud. que significa esto en relación con el título?

## *El crimen del viejo Pedro*    (Adaptado)

En el pago° de Quebracho Chico había un viejo que cuando era muchacho todos lo nombraban simplemente "Pedro", y más tarde "Pedro Lezama", y después "el viejo Lezama" y al último, "el Viejo", nada más. | town

En el pago de Quebracho Chico había, naturalmente, muchos viejos; pero
5  cuando se nombraba "el Viejo", así, a secas°, todos sabían que era refiriéndose al viejo Pedro Lezama. | a... nothing more

Nadie sabía a ciencia fija° su edad, pero era muy viejo, muy viejo. Lo extraordinario era que parecía haber nacido viejo o no haber envejecido°, porque, a través de los años y las generaciones que lo contemplaban, era una cosa siempre
10  igual, como el sol, como la luna, como el río, como la loma. | a... with certainty / gotten old

De chico fue un infeliz, sumiso°, inofensivo°, siempre dispuesto a hacerse a un lado para dar paso a otro, u otros que venían de atrás empujando. Si alguno le pisaba la cola° a un perro, casi siempre él estaba al lado y el perro lo mordía° a él y con frecuencia recibía, sobre la mordedura°, un golpe del capataz° o del patrón°
15  o de un peón° cualquiera, por haberle pisado la cola al perro. | docile / harmless / tail / bit / bite / foreman / boss / laborer

Y en su mocedad° y en su edad madura y en su vejez, siguió siempre pisándole la cola al perro y siempre con las mismas consecuencias desagradables. | youth

Conociéndosele como se le conocía a Pedro Lezama, al viejo Lezama, al Viejo, nadie en el pago hubiera podido admitir que fue capaz de una rebelión, de un acto
20  de energía impositiva.

Y, sin embargo, la tuvo el día que asesinó° a su patrón. | murdered

¿Asesinó?... Yo digo simplemente, mató. Asesinar y matar no son sinónimos muchas veces, y me parece que en este caso menos que en otro ninguno.

Es cierto que cuando el policía fue y preguntó:

25    —¿Quién fue el autor del hecho? —él dijo tranquilamente:

—Fui yo.

Y cuando la autoridad interrogó otra vez:

—¿Las veintiuna puñaladas° que tiene el difunto, se las hizo usté[1]? —él    stabs
respondió con una franqueza que hubiera parecido cínica:

30    —Yo mismo; las veintiuna, si son veintiuna, pero yo no las conté.

Instruido° el sumario[2], lo enviaron a la cárcel°, se inició el proceso°, el fiscal°    Having been heard / jail /
pidió la última pena y el defensor —un defensor de oficio[3]— no encontró otro    trial / district attorney
argumento en favor de su cliente que alegar un caso de locura° senil.    insanity

El Viejo se hizo explicar el valor de aquellos términos para él incomprensi-
35    bles, y luego dijo:

—Oiga, señor juez. Para mí, que me fusilen° o me larguen°, lo mismo me da;    execute / set free
y aun prefiero lo primero, porque el buey° viejo más agradece que lo maten    ox
cuando ya no tiene fuerzas ni para trabajar... Pero antes es necesario que diga por
qué he matado a un cristiano, yo que nunca he sabido matar un pájaro.

40    Y contó su caso con frases claras y concisas, con voz serena, más como quien
relata un hecho ajeno° que como quien hace su propia defensa.    un... another's deed

La causa inocente de su desgracia había sido el chiquitín Domingo, "Barba de
Choclo°", como lo llamaban todos.    Corn silk

El chiquilín era huérfano, uno de esos seres que nacen huérfanos, como
45    algunos pájaros. Se crió° en la estancia°, compartiendo la áspera caridad de los    Se... He was raised / ranch
amos con los corderos° y los cachorros.    lambs

Barba de Choclo era débil, pobre de músculos y de sangre. Tenía, eso sí, una
linda cabeza copiosamente poblada de ensortijados° cabellos de un rubio rojizo, y    curly
la tez° blanca y pálida y los ojos azules y tristes.    skin

50    Su espíritu parecía siempre ausente, y cuando le hablaban necesitaba dejar
pasar varios minutos antes de darse cuenta° de lo que le decían. Su pereza° men-    darse... realize / slowness
tal y física le traía a diario, de parte de la patrona, sus hijas, las peonas y todas las
mujeres de la estancia, brutales tirones de las mechas; y de parte del patrón, del
capataz, de los peones y hasta de los muchos muchachos de la estancia, golpes y
55    patadas°.    kicks

Hacía tiempo que el viejo observaba esas iniquidades, indignándose por dentro, sin atreverse a protestar.

—Así fue conmigo, —pensaba— ; desde chiquito.

Y una tarde que el patrón se levantó de la siesta malhumorado, se fue a donde
60    tenía atado un potrillo° y se dispuso a rasquetearlo y cepillarlo°.    small horse / rasquetearlo...
brush him

Quiso la mala suerte que Barba de Choclo estuviese allí. El patrón desató el
cabestro° y se lo entregó, mientras él operaba el aseo° del pingo°. Éste, nervioso y    halter / grooming / horse
arisco, se revolvía impaciente y concluyó por arrancar el cabestro de las débiles
manos del chico, y corrió campo afuera.

65    El estanciero quedó un momento indeciso; y luego, temblando de cólera,
asestó° con la rasqueta de hierro un golpe° feroz en la cara del chico, quien con    delivered / blow

---

[1]usté - usted

[2]The *sumario* is the body of evidence examined to support or bring about an indictment.

[3]professional defense attorney (a state-appointed attorney)

los dientes rotos y la cara bañada en sangre, se desplomó° quejándose angustiosa-    Se... collapsed
mente.

 —Y fue entonces —terminó el Viejo— que yo no pude contenerme más.
70 Saqué el cuchillo y se lo sumí° al patrón una vez, cinco veces, diez veces, veinte    stuck
veces, y si no le di más puñaladas es porque no había más sitio en el cuerpo.

 Y terminó, sereno, satisfecho de su obra:

 —Eso fue lo que pasó. Yo no sé cómo tuve coraje para hacerlo, pero lo hice.
¡Y para l'única° vez que supe ser hombre en toda mi vida, que no me vengan a    la única
75 decir que lo hice porqu'estaba° loco.    porque estaba

## Díganos...

1. ¿Cómo se sabe que, en Quebracho Chico, todos conocían a Pedro Lezama?
2. ¿Cómo fue la niñez del viejo Pedro?
3. ¿A quién mató el viejo Pedro?
4. ¿Comó lo mató?
5. ¿Qué dice el abogado para defender al viejo Pedro?
6. ¿Le preocupa al Viejo lo que puedan hacerle?
7. ¿Qué sabe Ud. de Barba de Choclo?
8. ¿Son similares la vida del niño y la niñez del Viejo?
9. ¿Qué le hizo el patrón a Barba de Choclo?
10. ¿Por qué no quiere el Viejo que digan que él estaba loco cuando mató al patrón?

## HUGO RODRÍGUEZ-ALCALÁ
## (PARAGUAY: 1917–          )

Hugo Rodríguez-Alcalá publicó sus dos primeros libros de poesía en 1939: *Poemas* y *Estampas de la guerra*. Este último influyó más tarde en la literatura de su país, evocadora de la Guerra del Chaco, librada° con Bolivia.

waged

Este escritor paraguayo ha publicado gran número de estudios literarios en revistas del norte y sur del continente a partir de 1950, pero la mayoría de sus libros han aparecido en México. Entre ellos figuran *Misión y pensamiento de Francisco Romero* (1959), *Ensayos de norte a sur* (1960), *Abril que cruza el mundo* (1960), *El arte de Juan Rulfo* (1965) y *Sugestión e ilusión* (1966).

Muchos de sus cuentos han sido publicados en periódicos argentinos y paraguayos. Su relato "El as de espadas", que presentamos a continuación, se inspira en un suceso de la historia política del Paraguay: el asesinato del presidente Gill en 1887.

## Preparación

Ud. acaba de leer que este cuento se basa en un hecho histórico, que es el asesinato de una figura política. Al leer el cuento, busque lo siguiente: cómo se planea el asesinato, cómo se lleva a cabo y cuál es el resultado final.

## El as de espadas°     *(Adaptado)*

**as...** ace of spades

—Ahí viene —les dije a mis amigos reunidos aquella tarde en mi casa. Y les señalé°, a través de la persiana° entornada°, la obesa figura de nuestro enemigo. Con pasos lentos y pesados, el hombre avanzaba solo por la calle ardiente de sol. Contra las blancas fachadas° de las casonas coloniales, destacaban su levita° negra
5  y su sombrero de felpa°. Abochornado° por el calor y el enorme almuerzo reciente, el hombre jadeaba° entre los grandes bigotes°. Su levita, abierta sobre el vientre° voluminoso, dejaba ver una gruesa cadena° de oro.

pointed / wooden shutter / half-closed
façades / frock coat
plush / Overheated
panted / moustache
belly / chain

Cuando llegó al pie de uno de los balcones de la casa que quedaba frente a la mía, el hombre se detuvo° un instante, sacó del bolsillo un pañuelo y se enjugó°
10  el ancho rostro enrojecido y sudoroso°. Luego, conservando el pañuelo en la mano izquierda, continuó su lenta marcha. Su bastón° de empuñadura° de plata golpeaba secamente la caliente acera°.

**se...** stopped / wiped
sweaty
walking stick / handle
sidewalk

Eran las dos de la tarde. A aquella misma hora, todos los días, "Su excelencia", como lo llamábamos, pasaba por mi casa camino° del palacio.

on his way

15  Me volví hacia el grupo de amigos parados detrás de la persiana y los miré sucesivamente en los ojos. Éramos siete, y los siete, jóvenes. Ninguno había cumplido los treinta. Los miré en los ojos, digo, y en todas aquellas pupilas rencorosas° leí el mismo propósito que hacía meses me robaba el sueño.

full of rancor

—Echaremos suertes° —dije en voz baja— . Y, mañana a esta misma hora uno
20  de los siete le hará fuego° desde aquí.

**Echaremos...** We'll cast lots
**le...** will shoot him

Debíamos tomar precauciones porque la policía nos vigilaba°. Esta vigilancia se había intensificado después de la última campaña periodística que yo dirigía, y

were watching

nos veíamos siempre rodeados de espías aun cuando sólo nos reuníamos para divertirnos.

25    —Aprobado —contestaron mis amigos.

   Echamos suertes de naipes° con el acuerdo° de que aquél a quien le tocara el as de espadas sería el que disparara° el tiro. No me tocó a mí la suerte sino a Fermín Gutiérrez. Cuando Gutiérrez vio que su naipe era el as de espadas, palideció°.

30    —Está bien —dijo—. Mañana a las dos.

   Y en seguida todos se fueron. Yo me quedé en casa limpiando el viejo fusil° de mi padre y quemando° cartas y papeles. Cuando oscureció salí en busca de un hombre de confianza° a quien le pedí que me tuviera listos siete buenos caballos frente a la puerta del café *Libertad*. Después fui a la playa del río donde vivía un

35 amigo y le ordené que me esperara con dos carabinas° en su bote a las dos y cuarto de la tarde del día siguiente, a fin de que° pudiera llevarme, en la brevedad posible, a la orilla° opuesta del río.

   De regreso a mi casa vi arder° un cigarro en la oscura esquina de mi calle y creí reconocer en el fumador, por su manera cautelosa de moverse, a uno de los

40 espías de "Su excelencia".

   Entré en mi casa, me acosté y traté de leer a la luz de la lámpara de kerosén. Pero no podía concentrarme en la lectura. ¡Gutiérrez se acababa de casar y a él le tocaba la suerte! Por fin, ya bien tarde, apagué la luz y me dormí profundamente hasta bien entrada la mañana.

45    A la una y media en punto llegaron mis amigos. Gutiérrez estaba lívido. Todos estaban nerviosos, menos yo. Yo sentía una alegría rabiosa e impaciente.

   Sin decir una palabra le di el fusil a Gutiérrez. Era un arma anticuada aunque excelente, y de grosísimo° calibre. El fusil se cargaba° por la boca°. Gutiérrez comenzó a cargarlo con manos inseguras.

50    —Más pólvora° —le dije al ver que no utilizaba lo suficiente. Gutiérrez derramó un nuevo chorro de granos negros y brillantes por la boca del arma. Después, esperamos. Hacía un calor terrible aquella tarde. Después de un rato se oyeron unos pasos lentos en la acera de enfrente y el golpe acompasado° de un bastón. Era él.

55    Gutiérrez colocó° el fusil entre dos de las maderas polvorientas° de la persiana y apuntó°. En ese momento pudimos ver de lleno° la cara del hombre obeso: vimos, de frente, sus grandes mostachos. El hombre miraba hacia el balcón de mi casa. Gutiérrez retrocedió° un paso, bañado en sudor, todo trémulo y demudado°, diciendo en voz muy baja e intensa:

60    —No, no puedo, no puedo hoy—. Y dejó el fusil amartillado° sobre los brazos de un sillón próximo.

   Yo me abalancé° hacia el sillón, tomé el arma y volví a la persiana. Pero mis amigos me contuvieron porque en ese instante sonaron cascos° de caballos en la calzada°. Pronto vimos un pelotón° de carabineros pasar por la calle y saludar mi-

65 litarmente a "Su excelencia". Nuestro enemigo contestó el saludo levantando el bastón con la mano obesa y peluda°.

   Nos separamos los siete amigos con la promesa de encontrarnos todos, al día siguiente, a la misma hora, en mi casa, y con el acuerdo unánime de que sería yo y no Gutiérrez el que disparara el fusil.

---

*Glosses (right margin):*

- playing cards / agreement
- would shoot
- he turned pale
- rifle
- burning
- trust
- rifles
- **a...** so that
- bank
- burn
- very wide / **se...** was loaded / muzzle
- gunpowder
- rhythmic
- placed / dusty
- aimed / **de...** entirely
- stepped back / altered
- cocked
- hurled
- hoofs
- streets / platoon
- hairy

70    El hombre que nos alistaría° los caballos y el hombre del bote recibieron    would prepare
nuevo aviso°.    notice

Al día siguiente —fue un martes 13, parece mentira°— , al día siguiente, a la    incredible
una y media en punto, volvieron mis amigos. Media hora después se oyeron los
pasos lentos de "Su excelencia" sobre la acera de enfrente. Cuando la figura de mi
75    enemigo se dibujó obesa, enorme, sobre la puerta roja de la casa de enfrente, dis-
paré. El hombre se desplomó° hacia adelante; cayó sobre su vientre sin más ruido    se... fell
que el de la empuñadura de plata del bastón al dar sobre la acera.

Yo llegué al galope a la playa del río donde el bote me esperaba y me puse a
salvo°. A mis espaldas, la ciudad estaba llena de estampidos°. Mis amigos, que    a... out of danger / shots
80    tomaron un rumbo° opuesto al mío, fueron alcanzados° por los carabineros y    path / reached
muertos° a tiros o a sablazos°. Sí, de los siete, sólo yo me salvé.    killed / blows from a saber

Han pasado veinticinco años, señores. Pero, como si el día aquel de mi ven-
ganza° fuera ayer, ¡todavía hoy lamento° que, cuando detrás de la persiana le    revenge / regret
descargué el fusil, aquel cerdo° obeso no hubiera visto al caer de bruces° que fui    pig / de... on his face
85    yo, y nadie más que yo, el que le hizo fuego°!    le... shot him

## Díganos...

1. ¿Qué sabemos de "Su excelencia" y qué imágenes usa el autor para presen-
   tarlo?
2. ¿Qué papel juega el naipe en el cuento?
3. ¿Para qué se reunían los amigos en la casa del narrador?
4. ¿Por qué era necesario tomar precauciones?
5. ¿Qué hicieron para decidir quién mataría a "Su excelencia" y a quién le tocó
   la suerte?
6. ¿Qué cosas hizo el narrador para preparar la huida (*escape*)?
7. ¿Qué pasó al día siguiente?
8. ¿Por qué decidieron que sería el narrador quien matara a "Su excelencia"?
9. ¿Qué día se reunieron otra vez los amigos para asesinar al presidente? ¿Qué
   pasó?
10. ¿Quién fue el único que se salvó y cuál fue la suerte de los otros?
11. ¿Cuántos años han pasado desde este suceso?
12. ¿Qué es lo único que lamenta el narrador?

## EMILIA PARDO BAZÁN
## (ESPAÑA: 1851–1925)

Emilia Pardo Bazán fue la primera mujer que ocupó una cátedra en la Universidad de Madrid. Está considerada como una de las novelistas más importantes del siglo XIX, y fue la que introdujo el naturalismo en España con su obra *La cuestión palpitante*.

Además de novelas, escribió unos 400 cuentos que han sido considerados por los críticos como lo mejor en su género. Sus narraciones son breves, intensas, dramáticas y convincentes.

## Preparación

Antes de leer el cuento, piense en las bodas a las que Ud. ha asistido. ¿Recuerda el ambiente? ¿Cómo eran los novios y los invitados? Trate de describirlos.

## *El encaje roto*    *(Adaptado)*

Invitada a la boda° de Micaelita Aránguiz con Bernardo de Meneses, y no habiendo podido asistir, grande fue mi sorpresa cuando supe al día siguiente que la novia, al pie del altar, al preguntarle el Obispo° si recibía a Bernardo por esposo, soltó° un *no* claro y enérgico. El novio, después de soportar°, por un cuarto de
5 hora, la situación más ridícula del mundo, tuvo que retirarse, terminando así la reunión y la boda a la vez.

Lo peculiar de la escena provocada por Micaelita, era el medio ambiente° en que se desarrolló°. Me parecía ver el cuadro, y no podía consolarme de no haberlo contemplado con mis propios ojos. Me imaginaba el salón atestado°, las señoras
10 vestidas de seda° y terciopelo°; los hombres con resplandecientes trajes; la madre de la novia atareada°, solícita de grupo en grupo, recibiendo felicidades; las hermanitas, conmovidas, muy monas°, de rosa la mayor, de azul la menor; el Obispo que va a bendecir° la boda, hablando afablemente°, sonriendo; y en el altar, la imagen de la Virgen protectora de la aristocrática mansión, oculta por una cortina de
15 azahares°. En un grupo de hombres me imaginaba al novio, algo nervioso, ligeramente pálido, mordiéndose el bigote, inclinando la cabeza° para contestar a las delicadas bromas° y a las frases de felicitación que le dirigen.

Y por último, veía aparecer en el marco de la puerta° a la novia, cuyas facciones° apenas se ven bajo la nubecilla del tul, y que pasa haciendo crujir° la seda de su
20 vestido, mientras en su pelo brilla el aderezo nupcial... Y ya la ceremonia se organiza, la pareja avanza conducida por los padrinos, la cándida figura se arrodilla° al lado de la esbelta y airosa del novio... Se agrupa la familia, buscan buen sitio para ver amigos y curiosos, y entre el silencio y la atención de los presentes... el Obispo formula una interrogación, a la cual responde un *no* seco como un disparo°, rotundo como una bala°. Y —siempre con la imaginación— notaba el
25 movimiento del novio, que se revuelve herido°; el estremecimiento de los invitados, el ansia de la pregunta transmitida en un segundo: "¿Qué pasa? ¿La novia se ha puesto mala°? ¿Qué dice que *no*? Imposible... ¿Pero es seguro? ¡Qué episodio!"

*wedding*

*Bishop*
*let out / bear*

**medio...** environment
**se...** took place
full
silk / velvet
busy
cute
bless / politely

orange blossoms
**inclinando...** nodding
jokes

**marco...** doorway / features / rustle

**se...** kneels down

shot / bullet
hurt, wounded

**se...** has gotten sick

Todo esto, dentro de° la vida social, constituye un terrible drama. Y en el caso de Micaelita, además de drama, fue un enigma. Nunca llegó a saberse de cierto la causa de la súbita° negativa.

Micaelita se limitaba a decir que había cambiado de opinión y que era libre de volverse atrás°, aunque fuera al pie del altar. Los íntimos de la casa se devanaban los sesos° emitiendo toda clase de suposiciones. Lo indudable era que todos vieron, hasta el momento fatal, a los novios satisfechos y enamoradísimos; y las amiguitas que entraron a admirar a la novia minutos antes del escándalo, decían que estaba muy contenta, y tan ilusionada y satisfecha, que no se cambiaría por nadie.

A los tres años, cuando ya casi nadie se acordaba de lo sucedido en la boda de Micaelita, me la encontré° en un balneario de moda. Una tarde, paseando, Micaelita me reveló su secreto, afirmando que me permitía divulgarlo°, en la seguridad de que explicación tan simple no sería creída por nadie.

—Fue la cosa más tonta°. La gente siempre atribuye los sucesos° a causas profundas y trascendentales, sin ver que a veces nuestro destino lo fijan las niñerías, las cosas más pequeñas. Ya sabe usted que mi boda con Bernardo parecía reunir todas las condiciones y garantías de felicidad. Además, confieso que mi novio me gustaba mucho y creo que estaba enamorada de él. Lo único que sentía era no poder estudiar su carácter°: algunas personas lo juzgaban° violento; pero yo lo veía siempre cortés, tierno°, y temía que adoptara apariencias destinadas a engañarme° y a encubrir una fiera° y avinagrada° condición. Intenté someter a varias pruebas a Bernardo, y salió bien de ellas; su conducta fue tan correcta que llegué a creer que podía confiarle sin temor alguno mi porvenir° y mi dicha°.

Llegó el día de la boda. Al ponerme el traje blanco me fijé una vez más en el magnífico encaje° que lo adornaba, y que era regalo de mi novio. Había pertenecido° a su familia y era una maravilla, de un dibujo° exquisito, perfectamente conservado. Bernardo me lo había regalado, hablándome de su gran valor°. Al llegar al salón, en cuya puerta me esperaba mi novio, fui a saludarlo, llena de alegría. El encaje se enganchó° en un hierro de la puerta, con tan mala suerte, que al quererme soltar oí el ruido peculiar del desgarrón°, y pude ver que un pedazo del magnífico adorno colgaba° sobre la falda. Sólo que también vi otra cosa: la cara de Bernardo contraída y desfigurada por la ira más viva; su boca entreabierta ya para proferir la reconvención° y la injuria°... No llegó a hacerlo porque se encontró rodeado de gente; pero en aquel instante fugaz° se alzó un telón° y detrás apareció desnuda su alma°. El júbilo con que había llegado al salón se cambió en horror profundo. Bernardo se me aparecía siempre con aquella expresión de ira, que acababa de sorprender en su rostro°; esta convicción se apoderó de mí°, y con ella vino otra: la de que no podía, la de que *no* quería entregarme° a un hombre así, ni entonces, ni jamás... Y, sin embargo, fui acercándome al altar, me arrodillé, escuché las exhortaciones° del Obispo... Pero cuando me preguntaron, la verdad salió de mis labios°, impetuosa, terrible...

Aquel *no* brotaba° sin proponérmelo; me lo decía a mí misma... ¡para que lo oyeran todos!

—¿Y por qué no declaró usted el verdadero motivo, cuando tantos comentarios se hicieron?

—Lo repito: por su misma sencillez°. Preferí dejar creer que había razones de esas que llaman serias...

---

**dentro...** within

sudden

**volverse...** turn back
**se...** racked their brains

**me...** I encountered her
tell it

silly / events

personality / judged
tender
deceive me / ferocious / bitter

future / happiness

lace / belonged
design
value

**se...** got caught
tear
was hanging

accusation / insult
brief / **se...** a curtain was raised / soul

face / **se...** took over me
to give myself

advice
lips
came out

simplicity

## Díganos...

1. ¿Qué situación ridícula tuvo que soportar el novio de Micaelita?
2. ¿Cómo se imaginaba la narradora a los asistentes a la boda?
3. ¿Cómo se imaginaba al novio? (¿A la novia?)
4. ¿Cómo describe la narradora el *no* de Micaelita?
5. ¿Cómo explicaba Micaelita la súbita negativa?
6. ¿Cómo actuaban los novios antes de la ceremonia?
7. A los tres años, ¿dónde se encontró la narradora con Micaelita y qué le reveló la joven sobre el carácter de Bernardo?
8. Micaelita estaba muy enamorada de su novio, pero ¿qué era lo que la preocupaba y por qué?
9. ¿Qué pasó con el encaje del traje de novia y cómo reaccionó Bernardo?
10. ¿De qué se convenció Micaelita al ver la reacción de Bernardo?

## OLGA CARRERAS GONZÁLEZ
## (CUBA: 1930–        )

Nació en Camagüey, Cuba. Se graduó de abogada en la Universidad de la Habana y obtuvo un doctorado en literatura española en la Universidad de California, Riverside. Ha publicado numerosos artículos en revistas literarias de Estados Unidos, Hispanoamérica y España. Es autora de un libro crítico sobre la obra de Gabriel García Márquez: *El mundo de Macondo en la obra de Gabriel García Márquez*. Actualmente es profesora de lengua y literatura española en la Universidad de Redlands, California.

## Preparación

Fíjese en el título del cuento. ¿Qué le sugiere a Ud.? Lea cuidadosamente las primeras líneas del cuento. ¿Qué establece en ellas la autora en cuanto a la situación de la protagonista? El paso del tiempo tiene una gran importancia en este cuento. Al leerlo, fíjese en la forma en que lo usa la autora.

## *La venganza*

Miró nerviosamente el relojito. Hubiera querido que sus manecillas° volaran por la esfera° y la acercaran al instante ansiado°. El coche corría velozmente, pero con más lentitud que sus pensamientos. La niebla suave que casi sentía palpable como un algodón°, la ayudaba en su alejarse° del mundo, le hacía sentir la dulzura de

5  lo impreciso. Esas líneas difumadas eran el mundo para ella, sólo él estaba claro en su mente, sólo su amor, su deseo, sus caricias no se disipaban en la niebla. Corría hacia su amante, era la última oportunidad de su vida, una hora más y estaría en sus brazos definitivamente. —Definitivamente— repitió la palabra de nuevo en voz alta, saboreándola°, sintiendo su dulzor° de fruta en sazón°.

10  Volvieron a su mente los años vividos antes de conocerlo, su vida como un río de aguas quietas, su matrimonio que ella ingenuamente° creyó por amor, el esposo bondadoso, dulce, comprensivo. El encuentro de un despertar de ansias desconocidas, las dudas, los remordimientos, las indecisiones, el dolor de herir° al hombre que la adoraba. Ahora se preguntaba cómo había podido esperar tanto, cómo

15  había podido dudar durante días interminables. Quizás sin las palabras del amante — Hoy a las cuatro o nunca, me iré donde no me encuentres jamás— no se hubiera atrevido° a confesarle a Gabriel sus sentimientos. Aquellas palabras y la seguridad de que eran definitivas, le dieron la fuerza hasta para aplastarlo° si hubiera sido necesario. ¡Pero no lo fue! Gabriel era tan comprensivo, la amaba

20  hasta el extremo de anteponer su felicidad a la propia°. Comprendió, la dejó marchar hacia la culminación de su destino.

No necesitaba mirar de nuevo el relojito. Los minutos los marcaba su sangre gozosa°, los sentía latir° en sus venas, menos de una hora ya y estaría en sus brazos para siempre, protegida, segura, ansiosa y viva como no lo había estado jamás.

25  Algo la arrancó bruscamente de aquel ensueño feliz. Aquel hombre que agitaba° los brazos desesperado, junto al coche rojo detenido al borde de la carretera, el

---

*Margin glosses:*

hands
face / longed-for

cotton / **su...** her getting away

tasting it / sweetness / **en...** in season

naively

hurt

dared

crush him

**a...** to his own

joyful / beat

was waving

coche de Gabriel, ¿qué hacía él allí? Buscaba seguramente el último recuerdo, la despedida final que atesorar° en horas de soledad. Seguiría, no quería perder un instante de felicidad. Pero recordó que llevada por sus ansias había salido con anticipación, tenía unos instantes que entregar como una limosna° a aquel hombre, por su comprensión, su bondad, su ternura, ¡bien los merecía Gabriel! Tuvo que hacer, sin embargo, un esfuerzo de voluntad para detener el coche.

El desconocido, casi un niño asustado, parecido a Gabriel como el hijo que hubieran podido tener, aprovechando su confusión la arrastró° hacia el maletero del coche. Sintió el pañuelo que se anudaba lastimándole los labios. A sus oídos llegaban palabras aisladas, sin sentido, palabras increíbles que no penetraban la oscuridad de su mente: "policía... el coche roto... huir... la salvación... sólo unos minutos". Y esa sola frase tuvo sentido. Unos minutos... tenía varios que perder, todavía había esperanzas. Se dejó llevar sin ofrecer resistencia, casi corrió ella misma hacia el maletero, lo único que importaba era el tiempo, el tiempo y él. Hubiera querido gritarle a aquel hombre —pronto, pronto— pero no podía decir una palabra y su cerebro se centraba en esa sola idea y no funcionaba para nada más.

Sintió alivio al arrancar° el auto, al notar la velocidad que la acercaba al amante. Un frenazo y el coche se torció° como una víbora°. Unos minutos... ¡pero en sentido contrario°: Se alejaba de él y el tiempo pasaba inexorable, uno... dos... quince... segundos... minutos... Nunca más, decían las ruedas, nunca más, repetían sus sentidos. Nunca más.

¡Oh detente°, detente tiempo unos minutos, no quiero, no quiero que pases, detente! Y la seguridad de haberlo perdido que la ganaba por instantes, aquel miedo que subía lentamente por sus miembros como una parálisis. Contaba, recontaba los minutos. Estaba segura del tiempo como si un reloj gigante estuviera ante sus ojos. Jamás... jamás... repetían los latidos, el tictac de aquel reloj enorme en que se sentía convertida.

Nada importaba ya, no llegaría jamás, los brazos de él no la ampararían° ya del mundo, de las miserias, del dolor, del miedo. Todos los minutos soñados, ansiados, vividos con la imaginación, no se harían realidad. La imagen de él se borraba° como antes las cosas en la niebla. A cada instante menos de él, menos de sus manos, menos de sus ojos, menos de su calor. Se iba hundiendo° en la seguridad que la poseía de haberlo perdido.

Sintió el coche detenerse. El raptor° había cumplido° su promesa: "sólo unos minutos". Oyó los pasos apresurados, ¿temía encontrar su cadáver? Estaba viva, sus pulmones° habían soportado la prueba; el aire viciado, caliente, sofocante que aspiraba a chorros había bastado para conservar su vida, ¿su vida? Su vida se había perdido con cada pulsación de su sangre que anunciaba un segundo más. Ya nada quedaba. Sin dudarlo, fríamente, casi con alegría, la última que la vida habría de brindarle, tomó el pequeño revólver que guardaba en la caja de herramientas°. Acarició el gatillo° como a una piel amada y recuperó por un instante el calor del amante. Al abrirse la cajuela° del coche lo apretó con firmeza. Y sintió caer el cuerpo con la serenidad del que cumple un rito.

° to treasure
° alms
° dragged
° start
se... twisted / snake
en... the opposite way
° stop
° protect
se... was being erased
° sinking
° kidnapper / kept
° lungs
caja... tool box
° trigger
° small box

## Díganos...

1. ¿Qué era lo único que estaba claro en la mente de la protagonista?
2. ¿Cómo describe su vida antes de conocer a su amante?
3. ¿Qué va a pasar hoy a las cuatro de la tarde?
4. ¿Qué dice ella de Gabriel?
5. ¿Por qué se detiene la protagonista en el camino?
6. ¿Qué hace el hombre que está junto al coche?
7. ¿Cómo muestra la escritora la angustia de la protagonista ante el paso del tiempo?
8. ¿Por qué mata la protagonista a su raptor?

# Dos ensayos

### JOSÉ MARTÍ
### (CUBA: 1853–1895)

Martí es famoso no sólo como poeta y ensayista, sino también como orador. Con su palabra logró unir a todos los cubanos y los llevó a la lucha, pues con su poder convincente lograba conmover a las muchedumbres. El crítico Anderson-Imbert ha dicho de él: "Es uno de los lujos que la lengua española puede ofrecer a un público universal". Lo más sobresaliente de su obra son sus ensayos.

## Preparación

Fíjese en el título del ensayo. ¿Qué le sugiere a Ud.? Piense en los problemas que existen entre las diferentes razas. ¿Qué posibles soluciones se le ocurren a Ud. para resolverlos?

## *Mi raza*    *(Selección adaptada)*

Ésa de racista es una palabra confusa y hay que ponerla en claro. El hombre no tiene ningún derecho° especial porque pertenezca° a una raza o a otra: dígase hombre, y ya se dicen todos los derechos. El negro, por negro, no es inferior ni superior a ningún otro hombre; peca° por redundante el blanco que dice "Mi raza"; peca por redundante el negro que dice "Mi raza". Todo lo que divide a los hombres, todo lo que especifica, aparta° o acorrala es un pecado contra la humanidad. ¿A qué blanco sensato se le ocurre envanecerse° de ser blanco, y ¿qué piensan los negros del blanco que se envanece de serlo? ¿Qué han de pensar los blancos del negro que se envanece de su color? Insistir en las divisiones de raza, en las diferencias de raza, de un pueblo naturalmente dividido, es dificultar la ventura° pública y la individual.

Si se dice que en el negro no hay culpa aborigen ni virus que lo inhabilite° para desenvolver° toda su alma de hombre, se dice la verdad, y es necesario que se diga y se demuestre, porque la injusticia de este mundo es mucha, y es mucha la ignorancia que pasa por sabiduría°, y aún hay quien cree de buena fe al negro incapaz de la inteligencia y el corazón del blanco... Si se aleja de la condición de esclavitud, no acusa inferioridad la raza esclava, puesto que los galos° blancos, de ojos azules y cabellos de oro, se vendieron como siervos°, con la argolla° al cuello, en los mercados de Roma; eso es racismo bueno, porque es pura justicia y ayuda a quitar prejuicios al blanco ignorante. Pero ahí acaba el racismo justo, que es el derecho del negro a mantener y a probar que su color no le priva de ninguna de las capacidades y derechos de la especie humana.

El racista blanco que le cree a su raza derechos superiores, ¿qué derechos tiene para quejarse del racista negro que también le vea especialidad a su raza? El racista negro que ve en su raza un carácter especial, ¿qué derecho tiene para que-

*right / belongs*

*he sins*

*separates*
*to become vain*

*happiness*
*disqualifies*
*to develop*

*wisdom*

*Gauls*
*slaves / large ring*

jarse del racista blanco? El hombre blanco que, por razón de su raza, se cree superior al hombre negro, admite la idea de la raza y autoriza y provoca al racista negro. El hombre negro que proclama su raza, cuando lo que acaso° proclama perhaps únicamente en esta forma errónea es la identidad espiritual de todas la razas, auto-
30  riza y provoca al racista blanco. La paz° pide los derechos comunes de la natu- peace raleza; los derechos diferenciales, contrarios a la naturaleza, son enemigos de la paz. El blanco que se aísla, aísla al negro. El negro que se aísla, provoca a aislarse al blanco.

En Cuba no hay temor a la guerra de razas. Hombre es más que blanco, más
35  que mulato, más que negro. En los campos de batalla murieron por Cuba, han subido juntas por los aires, las almas de los blancos y de los negros. En la vida diaria de defensa, de lealtad, de hermandad°, de astucia, al lado de cada blanco brotherhood hubo siempre un negro. Los negros, como los blancos, se dividen por sus caracteres, tímidos o valerosos°, abnegados o egoístas... valiant
40  Los negros están demasiado cansados de la esclavitud para entrar voluntariamente en la esclavitud del color. Los hombres de pompa° e interés se irán de un grandeur lado, blancos o negros; y los hombres generosos y desinteresados° se irán de otro. unselfish Los hombres verdaderos, negros o blancos, se tratarán con lealtad y ternura, por el gusto del mérito y el orgullo° de todo lo que honre la tierra en que nacimos, pride
45  negro o blanco. No cabe duda de que la palabra racista caerá de los labios de los negros que la usan hoy de buena fe, cuando entiendan que ella es el único argumento de apariencia válida y de validez en hombres asustadizos°, para negar al fearful negro la plenitud° de sus derechos de hombre. Dos racistas serían igualmente cul- fullness pables: el racista blanco y el racista negro. Muchos blancos se han olvidado ya de
50  su color, y muchos negros. Juntos trabajan blancos y negros, por el cultivo° de la improvement mente, por la propagación de la virtud y por el triunfo del trabajo creador y de la caridad° sublime. charity

## Díganos...

Basándose en las opiniones de Martí, conteste las siguientes preguntas.

1. ¿Tiene algún derecho especial un hombre porque pertenezca a una raza determinada?
2. ¿Qué consecuencias trae el insistir en las divisiones de raza?
3. ¿Ha existido la esclavitud en la raza negra solamente? Cite ejemplos de esclavitud en otras razas.
4. ¿Qué consecuencias trae el racismo, ya sea en los negros o en los blancos?
5. ¿Cuáles son los enemigos de la paz?
6. "Hombre es más que blanco, más que mulato, más que negro." Explique Ud. en sus propias palabras este sentimiento de José Martí.
7. ¿De acuerdo con qué factores se agrupan los seres humanos —blancos o negros?
8. ¿Qué quiere decir Martí al hablar de "la esclavitud del color"?
9. ¿Cuándo dejarán los negros de usar la palabra "racista"?
10. ¿Qué beneficios trae para la sociedad el que blancos y negros olviden las diferencias de color?

## JULIO CAMBA
## (ESPAÑA: 1882–1962)

Julio Camba, escritor de estilo satírico y humorístico, publicó numerosos artículos en los cuales da sus impresiones sobre la vida y la cultura de los distintos países que visitó.

El artículo que ofrecemos a continuación pertenece al libro de ensayos *La rana viajera*. Otros libros del autor son *Alemania* (1916), *Londres* (1916), *Aventuras de una peseta* (1923), *La casa de Lúculo o el arte de comer* (1929), *La ciudad automática* (1932), *Haciendo de república* (1934), *Mis páginas mejores* y *Millones al horno*.

## Preparación

¿Cuáles cree Ud. que son las ventajas y las desventajas de la vejez? Haga una lista de ellas antes de leer el ensayo.

## *Un cumpleaños*    *(Selección adaptada)*

Acabo de cumplir° setenta años y no salgo de mi sorpresa. Jamás creí que llegase un día a cumplirlos. Cuando yo era joven, no había apenas hombres de setenta años en el mundo. Los hombres de setenta años, consecuencia directa de las vitaminas, de los antibióticos, y de tantas otras cosas, son una creación exclusiva-
5 mente moderna y constituyen, aunque a uno no le esté muy bien el decirlo, la última palabra en cuestión de hombres. De aquí el que, en mi juventud°, los pocos hombres de setenta años con que yo tropezaba° no se hayan aparecido nunca como individuos de mi misma naturaleza, sino más bien como raros ejemplares de una especie próxima a extinguirse y completamente diferente de la mía.
10    ¿Es que habían venido al mundo ya viejos y con barbas blancas? ¡Vaya usted a saber°! Quizás sí. Quizás hubiesen venido así al mundo, aunque mucho más pequeños, como es natural, y quizá hubiera sido de esa forma como las niñeras° los habían llevado en brazos por el Retiro[1] o por donde fuese. Nunca me paré a considerar detenidamente estos detalles, pero yo creía firmemente que los viejos
15 habían sido viejos toda la vida y que los jóvenes no teníamos absolutamente nada que ver con ellos.
    Sin embargo, poco a poco, yo voy avanzando en edad y cuando más distraído estoy, me encuentro convertido nada menos que en un septuagenario, palabra terrible tanto por su forma como por su contenido. Sí, señores. Yo soy un septua-
20 genario y, si las cosas continúan como hasta aquí, no desespero de llegar a alcanzar un día las cimas° augustas del octogenariado, donde ya me esperan, desde hace mucho, algunos amigos muy queridos. No tengo barbas, porque los septuagenarios de ahora no se las dejan y yo no quiero que se me tome por un septuagenario de los tiempos de Maricastaña°, y tampoco tengo familia ni dinero. Lo
25 único de que disfruto° es de ciertos privilegios como, por ejemplo, el que se me

**Acabo...** I have just turned

youth
**con...** I came in contact with

**Vaya...** Who knows?
nannies

peaks

**tiempos...** olden times
I enjoy

---
[1]A park in Madrid.

ceda° siempre el primer turno ante una puerta giratoria° para que sea yo quien la     yield / **puerta...** revolving
empuje, y de algunos achaques°, y digo que disfruto de estos achaques porque,     door / old age symptoms
¿qué sería de mí sin ellos? ¿Qué sería del pobre señor que no está en edad ni
dispone de medios para hacer grandes comilonas o irse de juerga° por ahí si no     **irse...** paint the town red
30  tuviese un hígado° o un riñón° que exigieran cuidados determinados y le ayu-     liver / kidney
dasen a estar en casa las largas noches del invierno? ¡Hombres que os vais acer-
cando a la setentena y que notáis algún desarreglo en vuestras vísceras: dejad a
éstas tal y como están, porque una vejez° con todas las vísceras en perfecto orden     old age
tiene que ser una vejez tristísima!...
35      En fin, el caso es que yo acabo de cumplir lo que llamaré mis primeros setenta
años y que aquí me tienen ustedes aún. En la China podría ya, con perfecto derecho, ponerme la túnica amarilla de los ancianos, pero, ¿qué haría, yo, disfrazado°     disguised
de canario, por las calles de este Madrid? Mejor será tal vez, próximos ya los
grandes fríos, que vaya pensando en volver del revés° mi gabán° de invierno, ya     **volver...** to turn inside out /
40  que, de momento, no haya sastres° que puedan volverlo del revés a uno mismo     coat / tailors
para prolongar su duración una temporadita más...

## Díganos...

1. ¿Cuántos años acaba de cumplir el autor?
2. ¿Por qué está sorprendido?
3. Según Camba, ¿por qué viven tanto los hombres modernos?
4. ¿Qué pensaba Camba de los viejos cuando era joven?
5. ¿Qué es un septuagenario?
6. ¿Cuáles son los privilegios de los que disfruta el autor?
7. Si estuviera en la China, ¿qué podría ya hacer el autor?
8. Según el autor, ¿qué clase de sastre no hay todavía?

# APÉNDICE LITERARIO

# 1. Algunas ideas fundamentales

Al analizar un texto literario se deben tener en cuenta dos objetivos principales:

1.  precisar lo que dice el texto        (fondo)
2.  examinar la forma en que el autor lo dice        (forma)

En el estudio de una obra literaria, fondo y forma deben considerarse como una unidad, ya que en toda obra artística ambos están íntimamente ligados[1]. Toda explicación, por lo tanto, debe establecer claramente la relación que existe entre estos dos elementos.

Para lograr este objetivo, se debe leer atentamente el texto, asegurándose de que se comprenden tanto las palabras como el contexto en que están presentadas.

Un texto literario puede ser una obra completa o un fragmento. Los principales géneros literarios son novela, teatro, cuento, ensayo y poesía.

**Novela:**    Obra escrita en prosa, generalmente extensa, en la cual se describen sucesos y hechos que pueden ser tomados de la realidad o inventados. Hay diferentes tipos de novela: **policíaca** y **de aventuras**, en las que la acción es lo más importante; **histórica**, basada en hechos reales; **testimonial**, tipo de relato que presenta los hechos como vistos a través de una cámara fotográfica, como en el caso de *El Jarama*, de Rafael Sánchez Ferlosio; **psicológica**, donde lo importante es el análisis y la presentación de los problemas interiores de los personajes. Otro tipo de novela es la llamada **novela-río**, como muchas novelas contemporáneas, donde se presenta una multitud de personajes a través de cuyas acciones el autor nos da un panorama amplio de la sociedad en que viven. Un ejemplo de este último tipo es *La colmena*, de Camilo José Cela.

Al analizar una novela, se deben tener en cuenta los siguientes puntos:

1.  Clasificación (tipo)
2.  Temas y subtemas
3.  Ambiente
4.  Argumento (trama)
5.  Personajes
6.  Uso del diálogo
7.  Desarrollo
8.  Culminación (climax)
9.  Desenlace
10.  Atmósfera
11.  Lenguaje
12.  Punto de vista
13.  Técnicas literarias

**Teatro:**    Obra que se puede representar en un escenario mediante la acción y el diálogo. El diálogo puede estar escrito en verso o en prosa. La obra generalmente está dividida en tres actos. Dentro de los actos puede haber una subdivisión de escenas. Hay diferentes tipos de obras teatrales: **tragedia**, obra que tiene un final terrible; **drama**, obra en la que el final es desdichado, pero es menos trágica que la anterior (por ej. *La mordaza*, de Alfonso Sastre), y **comedia**, obra más ligera que las anteriores, con un desenlace feliz.

---

[1]joined together, bound

Al analizar una obra de teatro, se deben tener en cuenta los siguientes puntos:

1. Clasificación
2. Temas y subtemas
3. Ambiente (escenificación)
4. Trama
5. Personajes
6. Desarrollo
7. Culminación
8. Desenlace
9. Lenguaje
10. Técnicas dramáticas

**Cuento:**   Narración de longitud variable, pero más corta que la novela. Generalmente desarrolla un sólo tema central, y el número de personajes es limitado. El cuentista debe captar la atención del lector inmediatamente, dándole a la narración una intensidad y urgencia que no tiene la novela.

Al analizar un cuento, se deben considerar los siguientes aspectos:

1. Tema
2. Ambiente
3. Argumento
4. Personajes
5. Desarrollo
6. Culminación
7. Desenlace
8. Atmósfera
9. Lenguaje
10. Punto de vista
11. Técnica

**Ensayo:**   Escrito original, donde el autor expresa su opinión personal sobre un tema determinado, y cuya lectura no requiere del lector conocimientos técnicos previos para interpretarlo. El tema puede ser artístico, literario, científico, filosófico, político, religioso, etc.

Al analizar un ensayo, se deben tener en cuenta estos puntos:

1. Clasificación
2. Temas y subtemas
3. Desarrollo de la idea central
4. Lenguaje
5. Propósito del autor

**Poesía:**   Composición que generalmente se escribe en verso. Se diferencia de los otros géneros en que es más intenso y concentrado. El poeta quiere transmitir sus experiencias y emociones personales, y para ello utiliza recursos tales como imágenes, metáforas, símbolos, ritmo, etc. Los poemas se clasifican según el número de versos y la forma en que éstos se agrupan. Tenemos así sonetos, romances, odas, redondillas, etc. Según el tema, el poema puede ser amoroso, filosófico, social, etc.

Al analizar un poema, se deben estudiar los siguientes puntos:

1. Clasificación
2. Figuras poéticas (metáforas, símiles, símbolos, imágenes, etc.)
3. Tono
4. Lenguaje
5. Temas
6. Métrica
7. Rima (consonante, asonante)
8. Ritmo

# 2. Algunos términos literarios

**acento:**    donde cae la mayor intensidad en una palabra o en un verso. El acento es muy importante en la poesía española. Al contar las sílabas de un verso, se debe recordar lo siguiente: si la última palabra se acentúa en la antepenúltima sílaba, se cuenta una sílaba menos; si se acentúa en la última, la sílaba acentuada vale por dos[2].

**acto:**    división principal de un drama. Generalmente las obras teatrales[3] tienen tres actos.

**alegoría:**    cuando en una narración o historia, los personajes[4] y los incidentes representan ideas abstractas, normalmente morales o éticas, en términos concretos. La alegoría hace uso principalmente de la metáfora y la personificación.

**alejandrino:**    verso de catorce sílabas, dividido en dos hemistiquios de siete:

Me/dia/ba‿el/mes/de/ju/lio. E/ra‿un/her/mo/so/dí/a.

**aliteración:**    repetición de las mismas vocales o consonantes en un mismo verso. Normalmente le da al poema un sonido musical:

un no sé **qué que que**da balbuciendo[5]

**ambiente** (*setting*):    los elementos como el paisaje, lugar geográfico y social en que se desarrolla una historia.

**anáfora:**    repetición de una palabra al comienzo[6] de cada verso o frase:

¡**Ya** viene el cortejo!
¡**Ya** viene el cortejo! **Ya** se oyen los claros clarines.

**anticipación** (*foreshadowing*):    cuando el autor anticipa lo que va a pasar, sin revelar mucho, para dejar al lector en suspenso.

**antítesis:**    consiste en contrastar una palabra, una frase o una idea con otra de significado opuesto:

Y los de Enrique
cantan, **repican**[7] y gritan:
"Viva Enrique"; y los de Pedro
clamorean, **doblan**[8], lloran
su rey muerto.

**asonancia:**    cuando son idénticas solamente las vocales a partir[9] de la última acentuada:

Del salón en el ángulo oscuro,
de su dueño tal vez olvid**ada**,
silenciosa y cubierta de polvo, veíase el **arpa**.

---

[2]**vale**... counts as two   [3]**obras**... plays   [4]characters   [5]stammering   [6]beginning   [7]chime   [8]toll
[9]**a**... after

**atmósfera:**    impresión general que nos da una obra al leerla, uniendo[10] todos los elementos de que se compone, como: tiempo, lugar, tema, personajes, etc. Según estos elementos, la obra puede ser de terror, cinismo, romance, etc.

**caricatura:**    representación exagerada de un personaje.

**ciencia-ficción:**    género narrativo que describe situaciones y aventuras en un futuro imaginado que posee un desarrollo científico y técnico muy superior al del momento presente.

**consonancia:**    rima de vocales y consonantes de dos palabras, entre dos o más versos, a partir de la última vocal acentuada:

en la madreselva[11] **verde**...
el corazón se la pi**erde**...

**culminación** (*climax*):    punto de más intensidad en una obra. La acción llega a su momento culminante, y a partir de ahí, todos los problemas deben resolverse.

**decasílabo:**    verso de diez sílabas:

a/pa/ga/ban/las/ver/des/es/tre/llas

**desarrollo** (*development*):    forma en que el autor va presentando los hechos[12] e incidentes que llevan al desenlace de la historia.

**desenlace** (*ending*):    solución que da el autor a la acción de la obra. Este final puede ser, trágico o feliz o de sorpresa.

**diálogo:**    conversación entre los personajes de una novela, cuento o drama. El diálogo sirve como medio[13] para desarrollar la trama y la acción, o caracterizar a los personajes de la obra.

**dodecasílabo:**    verso de doce sílabas:

que ‿a/nun/cia‿ en/la/no/che/del/al/ma‿ u/na‿ au/ro/ra[14]

**encabalgamiento** (*enjambment*):    cuando el significado de una frase continúa en el verso siguiente y, por lo tanto, el final de un verso se enlaza[15] con el que sigue:

Yo voy soñando caminos
de la tarde. ¡Las colinas[16]

**endecasílabo:**    verso de once sílabas:

¿Dón/de/vo/la/ron/¡ay!/a/que/llas/ho/ras

**eneasílabo:**    verso de nueve sílabas:

Ju/ven/tud/di/vi/no/te/so/ro[17]

**escena** (*scene*):    subdivisión que hace un autor dentro de los actos de un drama. Algunos escritores[18] modernos dividen sus dramas en escenas o episodios solamente.

**estilo** (*style*):    modo en que un autor se expresa.

---

[10]joining   [11]honeysuckle   [12]happenings   [13]means   [14]dawn   [15]**se**... is linked   [16]hills
[17]**tesoro** treasure   [18]writers

**estribillo** (*refrain*):   palabras que se repiten al final[19] de cada verso o estrofa en algunos poemas:

Que bien sé yo la fuente que mana y corre,
**aunque es de noche.**
Aquella eterna fuente está escondida,
que bien sé yo dónde tiene su salida,
**aunque es de noche**.

**estrofa** (*stanza*):   agrupación de un número de versos. El número de versos agrupados en estrofas puede variar en un mismo poema.

**fábula** (*fable*):   obra alegórica de enseñanza[20] moral, en la que los personajes son generalmente animales representantes de hombres. Entre las fábulas más famosas están las de Esopo, La Fontaine, Samaniego e Iriarte.

**forma:**   estructura de la obra.

**género** (*genre*):   división de obras en grupos determinados, según su estilo o tema. En literatura se habla de tres géneros principales: poético, dramático y novelístico.

**heptasílabo:**   verso de siete sílabas:

y/la/tar/de/tran/qui/la

**hexasílabo:**   verso de seis sílabas:

En/las/ma/ña/ni/tas

**hipérbaton:**   la alteración del orden natural que deben tener las palabras de una frase según las leyes[21] de la sintaxis:

FRASE NORMAL:   Vi las madreselvas a la luz de la aurora.

HIPÉRBATON:   A la luz vi las madreselvas de la aurora.

**hipérbole:**   exageración de los rasgos[22] o cualidades de una persona o cosa para darles énfasis:

érase un hombre a una nariz pegado[23]

**imagen:**   representación de una cosa determinada con detalles exactos y evocativos.

**ironía:**   se produce cuando la realidad y la apariencia están en conflicto, cuando una palabra o idea tiene un significado opuesto al que debe tener. Existen muchas clases de ironías: verbal, de acción, de situación y dramática.

**lenguaje:**   estilo con el que el autor se expresa. Puede ser poético, científico o cotidiano[24].

**medida** (*measure*):   número y clase de sílabas que tiene un verso.

**metáfora:** forma literaria en la que se comparan dos objetos, identificando uno con el otro. Por lo general, los objetos son completamente diferentes en naturaleza, pero tienen algún elemento en común. La comparación es puramente imaginativa:

La **antorcha**[25] eterna asoma por el horizonte (antorcha = sol)

---

[19]**al**... at the end   [20]teaching   [21]rules   [22]features   [23]glued   [24]everyday   [25]torch

**métrica** (*versification*):    arte y ciencia que tratan de[26] la composición poética.

**monólogo:**    parte de una obra en la que el personaje habla solo. Se llama **soliloquio** si el personaje se encuentra solo en escena.

**monólogo interior** (*stream of consciousness*):    son las ideas que pasan por la mente[27] de un personaje en una novela, y son presentadas según van surgiendo[28] sin una secuencia ordenada.

**moraleja:**    enseñanza moral que aparece al final de las fábulas.

**narrador:**    el que cuenta la historia.

**octosílabo:**    verso de ocho sílabas:

Por/el/mes/e/ra/de/ma/yo

**oda:**    composición lírica de tono elevado, sobre diversos temas y de métrica variada:

Templad mi lira, dádmela, que siento
en mi alma estremecida y agitada
arder la inspiración...

**onomatopeya:**    recurso poético con el que el significado de una cosa se sugiere por el sonido[29] de la palabra que se usa. Esto puede ocurrir en una palabra sola, o en la combinación del sonido de varias palabras:

susurro,[30] tictac, zigzag, gluglú

**pentasílabo:**    verso de cinco sílabas:

no/che/de/San/Juan

**personaje** (*character*):    persona en una novela, un drama, cuento o poema. Hay muchas clases de personajes: principal, secundario, completo, plano[31], simbólico y típico.

**personificación:**    especie de metáfora en la que se le atribuyen cualidades humanas a objetos o cosas inanimadas:

La luna llora en la noche.

**protagonista:**    personaje principal de una obra. Normalmente es la persona que más cambia y alrededor de la cual gira[32] la acción central.

**punto de vista** (*point of view*):    según quien sea el narrador de la obra, así es el punto de vista. Si el narrador es el autor, el cual puede ver todo lo que pasa, se le llama narrador omnisciente. Si es un personaje, puede ser el "yo testigo"[33] o el "yo personaje". Según todo esto, el punto de vista puede resultar móvil o estático, microscópico o telescópico, universal o individual.

**redondilla:**    estrofa de cuatro octosílabos de rima consonante *abba:*

Ya conozco tu ruin trato
y tus muchas trafacías[34],
comes las buenas sandias[35]
y nos das liebre[36] por gato.

---

[26]**tratan**... deal with   [27]mind   [28]**según**... as they come out   [29]sound   [30]whisper   [31]flat
[32]revolves   [33]witness   [34]falsehoods   [35]watermelons   [36]hare

**retrovisión** (*flashback*):   técnica cinematográfica usada por novelistas y dramaturgos[37]. A través de una serie de retrocesos al pasado, en una historia, el lector conoce los hechos que llevaron al momento presente.

**rima:**   repetición de los mismos sonidos al final de dos o más versos, después de la última vocal acentuada. La rima puede ser asonante o consonante.

**ritmo:**   sonido musical del lenguaje producido por acentos, pausas y repetición de ciertas consonantes:

noche que noche nochera

**símbolo:**   forma literaria que presenta la relación entre dos elementos, uno concreto y otro abstracto, de tal modo que lo concreto explica lo abstracto.

**símil:**   comparación expresa de un objeto con otro para darle un sentido más vivo:

las gotas de agua como lágrimas del día

**sinalefa:**   unión de la última vocal de una palabra con la primera de la palabra que sigue para formar una sílaba:

Di/cho/so[38] el/ár/bol/que es/a/pe/nas/sen/si/ti/vo

**soneto:**   composición poética de 14 versos endecasílabos. El soneto se divide en dos cuartetos y dos tercetos. La rima del soneto es *a b a b   a b a b   c d e   c d e*, o variantes de ésta, como: *abba abba cdc cdc*. El soneto tiene unidad en el tema y en el sentimiento.

**subtema:** en una obra, temas secundarios que pueden desarrollarse en contraste, separada o paralelamente a la acción principal.

**tema:**   pensamiento[39] central de la obra.

**tetrasílabo:**   verso de cuatro sílabas:

Vein/te/pre/sas

**tipo:**   personaje en una obra que representa ciertos aspectos de una clase social o grupo humano, pero que no tiene individualidad.

**trama/argumento** (*plot*):   plan de acción de una novela, un cuento o una obra teatral.

**trisílabo:**   verso de tres sílabas:

la/rue/da

**versificación:**   arte de hacer versos. Si los versos tienen un número determinado de sílabas, se llaman **métricos**; si no, **asimétricos**.

**verso:**   grupo de palabras que componen una línea del poema:

Despertad, cantores
acaben los ecos,
empiecen las voces. (*tres versos*)

**verso libre:**   verso que no se ajusta ni a rimas ni a medidas:

Donde
    Oigo mis pasos
Pasar por esta calle

---

[37]playwrights   [38]fortunate   [39]thought

# VOCABULARIO

This vocabulary provides contextual meanings of the active vocabulary from the *Vocabulario* section in each chapter, as well as passive vocabulary that is glossed in the readings. Cultural references explained in footnotes and certain low-frequency words and expressions are not included.

The following abbreviations are used:

| | | |
|---|---|---|
| *adj* adjective | *coll.* colloquial | *Mex.* Mexican |
| *adv.* adverb | *f.* feminine | *pl.* plural |
| *Am.* (Latin) American | *m.* masculine | *sing.* singular |

## A

**a ciencia fija**   with certainty
**a duras penas**   with great difficulty
**a eso de**   at about
**a fin de que**   so that, in order to
**a lo mejor**   maybe
**a lo menos**   at least
**a medida que**   as
**a medio cerrar**   half closed
**a mi costa**   at my expense
**a pesar de**   despite
**a primera hora**   early in the morning
**a primera vista**   at first sight
**a punto de**   about, on the verge of
**a rayas**   striped
**a salvo**   safe
**a secas**   simply; to the point
**a su lado**   next to her/him/you
**a toda velocidad**   at full speed
**a través de**   through
**a un tiempo**   at the same time
**a voces**   loudly
**abajo**   down, underneath
**abalanzarse (sobre)**   to throw one-self (on)
**abanicar**   to fan
**abanico** (*m.*)   fan
**abatido(a)**   dejected
**abochornado(a)**   abashed; over-heated

**abrasar**   to burn
**abrazar**   to hug, to embrace
**abrochar los cinturones**   to fasten one's seatbelt
**abrumar**   to oppress, to overwhelm
**aburrimiento** (*m.*)   boredom
**aburrirse**   to get bored
**acabar**   to end, to finish
**acabar de + infinitivo**   to have just + infinitive
**acaecer**   to happen
**acariciar**   to caress
**acaso**   perhaps
**aceituna** (*f.*)   olive
**acera** (*f.*)   sidewalk
**acerca de**   about
**acercarse (a)**   to approach, to go near
**acero** (*m.*)   steel
**achaque** (*m.*)   indisposition, old age symptom
**acojinado(a)**   with lots of cushions
**acomodado(a)**   arranged
**acompasado(a)**   rhythmic
**acontecimiento** (*m.*)   event
**acorralar**   to corner
**acudir**   to come
**acuerdo** (*m.*)   agreement
**adelantarse(a)**   to get ahead (of), to pass

**adelante**   in front
**adivinar**   to guess
**advertencia** (*f.*)   warning
**advertir (e → ie)**   to notice, to warn
**afablemente**   politely
**afeite** (*m.*)   make—up
**afirmación** (*f.*)   statement
**afueras** (*f.*)   outskirts
**agacharse**   to stoop
**agarrar**   to grab, to take
**agitar**   to wave
**agradable**   pleasant
**agradar**   to please
**agradecer**   to thank
**agravar**   to aggravate, to worsen
**agravio** (*m.*)   insult
**agregar**   to add
**aguacero** (*m.*)   heavy shower
**aguantarse**   to resign oneself
**aguardar**   to wait (*for*)
**ahijado(a)**   godson, goddaughter
**ahogar**   to choke
**ahogarse**   to drown
**aislado(a)**   isolated
**aislar**   to isolate
**al alcance de**   within reach of
**al fin de cuentas**   after all
**ala** (*f.*)   wing
**alba** (*f.*)   dawn

**alboroto** (*m.*)   racket
**alborozado(a)**   exhilarated
**alcalde (alcaldesa)**   mayor
**alcanzar**   to reach, to obtain
**alejarse**   to get (move) away
**aletargado(a)**   lethargic
**alforja** (*f.*)   saddlebag
**algodón** (*m.*)   cotton
**alistar(se)**   to prepare, to get ready
**alivio** (*m.*)   relief
**alma** (*f.*)   soul
**almendra** (*f.*)   almond
**almohada** (*f.*)   pillow
**alondra** (*f.*)   lark
**altillo** (*m.*)   loft
**alumbrar**   to glow, to shine on
**alzarse**   to raise
**amabilidad** (*f.*)   kindness
**amable**   kind, polite
**amado(a)**   beloved
**amanecer**   to dawn; (*m.*) dawn
**amante** (*m., f.*)   lover; (*adj.*) loving
**amar**   to love
**amargar**   to spoil
**amargo(a)**   bitter
**amarrar**   to join, to tie
**amartillar**   to cock (*a gun*)
**amenaza** (*f.*)   threat
**amenazador(a)**   threatening
**amigablemente**   in a friendly way
**amistad** (*f.*)   friendship
**amonestar**   to scold
**amparar**   to protect
**amparo** (*m.*)   protection, shelter
**anciano(a)**   elderly
**ancla** (*f.*)   anchor
**ándele**   go on
**andén** (*m.*)   platform (*at a train station*)
**andrajoso(a)**   ragged
**angosto(a)**   narrow
**angustia** (*f.*)   anguish
**animar**   to cheer up
**ansia** (*f.*)   eagerness
**ansiado(a)**   longed for
**ansiar**   to long for
**ante**   before
**anteojos** (*m.*)   eyeglasses
**anterior**   previous
**antiguamente**   in the old days
**antigüedad** (*f.*)   antique

**añadir**   to add
**añorar**   to miss
**apagar**   to put out, to turn off
**aparcar**   to park
**aparcero(a)**   sharecropper
**aparentar**   to pretend
**aparentemente**   apparently
**apartar**   to push away, to separate
**apearse**   to get off, to dismount
**apedrear**   to stone
**apenas**   barely
**aplastado(a)**   dispirited, disheartened
**aplastar**   to crush
**aplazar**   to postpone
**apoderarse**   to sieze, to take over
**apoyado(a)**   resting, supported
**apoyarse**   to lean
**apresuradamente**   rapidly, fast, in a hurry
**apresurarse**   to hurry up
**apretado(a)**   tight; tiny, minute
**apretar (e → ie)**   to squeeze, to press, to push (*a button*)
**— el gatillo**   to pull the trigger
**aprovechar**   to take advantage of
**apuntar**   to aim (*a gun*)
**apurarse**   to hurry up, to hasten
**arar**   to plow
**árbol** (*m.*)   tree
**arboleda** (*f.*)   grove
**arcano(a)**   secret
**arco iris** (*m.*)   rainbow
**arder**   to burn
**ardiente** (*adj.*)   burning
**arduo(a)**   difficult
**arena** (*f.*)   sand
**argolla** (*f.*)   large ring
**aromar**   to perfume
**arraigar**   to take root
**arrancar**   to start (*a car*); to pull out
**arrastrar**   to drag
**arrebato** (*m.*)   rage
**arreglar**   to fix
**arrepentirse (e → ie)**   to repent
**arriesgar**   to risk
**arrimar**   to draw near
**arrodillado(a)**   kneeling
**arrodillarse**   to kneel
**arrollar**   to run over
**arroyo** (*m.*)   brook
**arruga** (*f.*)   wrinkle

**arrugado(a)**   wrinkled
**arrullar**   to lull
**as** (*m.*)   ace
**— de espadas**   ace of spades
**asco** (*m.*)   disgust; nausea
**asentir (e → ie)**   to agree, to nod
**aseo** (*m.*)   grooming (*an animal*)
**asesinar**   to murder
**asesino(a)**   murderer
**asestar**   to deliver (*a blow*)
**así es**   so it is
**así pues**   thus
**asomar**   to show, to appear
**asombrado(a)**   astonished
**asombrarse**   to be astonished
**asombro** (*m.*)   amazement
**aspaviento** (*m.*)   excessive emotion
**áspero(a)**   rough
**astucia** (*f.*)   cleverness
**asunto** (*m.*)   business
**asustadizo(a)**   fearful
**asustado(a)**   frightened
**asustar**   to frighten
**atado** (*m.*)   pack
**atareado(a)**   busy
**atarearse**   to be busy
**atemorizar**   to scare
**atento(a)**   kind, polite
**aterrador(a)**   terrifying
**aterrizar**   to land
**atesorar**   to treasure
**atestado(a)**   full
**atónito(a)**   astonished
**atracar**   to hold up (*in order to rob*)
**atrapado(a)**   trapped
**atrás**   back
**atravesar (e → ie)**   to look over, through
**atreverse**   to dare
**atropellar**   to run over
**aturdido(a)**   stunned
**audaz**   bold
**aun**   even
**aunque**   although, even though
**automovilista** (*m., f.*)   motorist
**autostop** (*m.*)   hitchhiking
**auxilio** (*m.*)   help
**avanzar**   to move forward
**avaro(a)**   stingy, miserly
**avergonzado(a)**   ashamed, embarrassed

**avinagrado(a)**  bitter
**avisar**  to let know, to warn
**aviso** (*m.*)  notice
**ayuda** (*f.*)  help
**Ayuntamiento** (*m.*)  City Hall
**azafata** (*f.*)  stewardess
**azahar** (*m.*)  orange blossom
**azorado(a)**  anxious
**azotar**  to lash
**azotea** (*f.*)  flat roof

**B**
**baboso(a)**  drooling (*person*)
**bahía** (*f.*)  bay
**bajas** (*f.*)  casualties
**bajeza** (*f.*)  meanness; base act
**bala** (*f.*)  bullet
**balazo** (*m.*)  shot
**bambolear**  to sway
**banqueta** (*f.*)  stool
**barca** (*f.*)  barge
**barcaza** (*f.*)  small barge
**barra** (*f.*) **de rouge**  lipstick
**barranco** (*m.*)  ravine
**barrer**  to sweep
**barro** (*m.*)  mud
**basta**  enough
**bastante**  enough; quite
**bastar**  to be enough
**bastón** (*m.*)  walking stick, cane
**bata** (*f.*)  gown
**beca** (*f.*)  scholarship
**bello(a)**  beautiful
**bellota** (*f.*)  acorn
**bendecir** (*conj. like* **decir**)  to bless
**besar**  to kiss
**bien** (*m.*)  asset
**bien cocinado(a)**  well done
**bienvenido(a)**  welcome
**bigote** (*m.*)  moustache
**bobo(a)**  dumb, stupid
**boca** (*f.*)  mouth; muzzle (*of a gun*)
**bocabajo**  face down
**bocarriba**  face up
**bocina** (*f.*)  horn
**boda** (*f.*)  wedding
**bolsillo** (*m.*)  pocket
**bonachón(ona)**  kind, kindly
**bondad** (*f.*)  kindness
**bondadosamente**  kindly
**bondadoso(a)**  kind

**bordar**  to embroider
**bordear**  to border, to verge
**borracho(a)**  drunk
**borrar**  to erase
**borronear**  to scribble
**boruca** (*f.*)  noise
**bolsillo** (*m.*)  pocket
**bostezo** (*m.*)  yawn
**botica** (*f.*)  pharmacy
**brasas** (*f.*)  coal
**bravata** (*f.*)  bragging
**breve**  brief
**brillar**  to shine
**brincar**  to jump
**brindar**  to offer
**brizna** (*f.*)  particle, hunk
**broma** (*f.*)  joke
**brotar**  to come out
**brote** (*m.*)  shoot
**bruscamente**  roughly, suddenly
**brusco(a)**  rough
**buey** (*m.*)  ox
**bulla** (*f.*)  noise; crowd
**buque** (*m.*)  ship
**Burdeos**  Bordeaux
**burla** (*f.*)  mockery
**burro(a)**  donkey
**buzón** (*m.*)  mailbox

**C**
**caballería** (*f.*)  chivalry
**caballero**  knight, gentleman
**caballete** (*m.*)  ridge; pole
**cabello** (*m.*)  hair
**caber**  to fit, to have enough room
**cabestro** (*m.*)  halter (*for a horse*)
**cabeza** (*f.*)  head
**cabezal** (*m.*)  headrest (*of a chair*)
**cacería** (*f.*)  hunting party
**cada cual**  each one
**cadena** (*f.*)  chain
**caer**  to fall
— **de rodillas**  to fall on one's knees
— **en gracia**  to seem funny
— **muerto**  to drop dead
**caja** (*f.*)  box
**cajetilla** (*f.*)  pack of cigarettes
**cajón** (*m.*)  drawer
**calcinado(a)**  burnt
**callarse**  to keep quiet

**calvo(a)**  bald
**calzada** (*f.*)  street
**cambiante**  changing
**camellón** (*m.*)  big flower pot
**caminante** (*m., f.*)  traveler, person who walks
**camino** (*m.*)  road
**camino a**  on one's way to
**camión** (*m.*)  truck
— **de reparto**  delivery truck
**campana** (*f.*)  bell
**campanario** (*m.*)  bell tower
**campesino(a)**  farmer; peasant
**campo** (*m.*)  field
— **de batalla**  battleground
**cana** (*f.*)  white or gray hair
**canalla** (*m., f.*)  scoundrel
**cansancio** (*m.*)  tiredness
**cantidad** (*f.*)  quantity
**cantina** (*f.*)  bar
**caña** (*f.*)  a glass of beer (*Spain*)
**cañuela** (*f.*)  fescue grass
**capataz(a)**  foreman (forewoman)
**capricho** (*m.*)  whim
**capullo** (*m.*)  blossom, bud
**carabina** (*f.*)  rifle
**carácter** (*m.*)  personality
**¡caramba!**  What the heck!
**cárcel** (*f.*)  jail, prison
**cargadores** (*m. pl.*)  suspenders
**cargar**  to load
**caridad** (*f.*)  charity
**cariño** (*m.*)  affection, love
**cariñoso(a)**  affectionate
**carmín**  carmine (*color*)
**carrera** (*f.*)  university studies, race
**carretera** (*f.*)  highway, road
**cartero** (*m.*)  mail carrier
**cartón** (*m.*)  cardboard
**casarse con**  to get married (to)
**casco** (*m.*)  hoof; helmet
**casi**  almost
**castaño** (*m.*)  chestnut tree
**castigar**  to punish
**castigo** (*m.*)  punishment
**casualidad** (*f.*)  coincidence
**catarro** (*m.*)  cold
**ceder**  yield
**ceja** (*f.*)  eyebrow
**celos** (*m. pl.*)  jealousy
**cepillar**  to brush

cerca (f.)   fence, (adv.) near, close
cerdo (m.)   pig
cerilla (f.)   match
cerrar el paso   to block the way
cerro (m.)   hill
cesar   to stop
cetro (m.)   wand
chambergo (m.)   type of hat
chapa (f.)   license plate
charco (m.)   puddle
charlar   to chat
chino(a)   Chinese
chistoso(a)   funny
chocar   to shock
chupar   to suck
chusma (f.)   crew (derogatory)
ciego(a)   blind
cielo (m.)   sky
  — raso   ceiling
cierto(a)   true
ciervo (m.)   deer
cigarrillo (m.)   cigarette
cima (f.)   peak, top
cintillo (m.)   hat band
cintura (f.)   waist
circundar   to surround
ciruelo (m.)   plum tree
cita (f.)   date, appointment
citar   to make an appointment
  (with)
claro   of course
clavado(a)   nailed
clave (f.)   clue
cobarde (m., f., adj.)   coward
cobardía (f.)   cowardice
cocinar   to cook
coco (m.)   boogeyman
coger   to catch, to pick up, to take
  hold of
  — una turca   to be drunk
cola (f.)   tail
colador (m.)   strainer
colchón (m.)   mattress
coletazo (m.)   slash with the tail
colgar (o → ue)   to hang (up)
colgarse (o → ue)   to hang oneself
colmar   to fill
colmo (m.)   utmost, the limit
colocar(se)   to place (oneself)
colonia (f.)   residential
  development

comercio (m.)   business; store
comilón(ona)   glutton
como   since
  — de costumbre   as usual
  — una seda   smooth as silk
compadecer   to be sorry for, to pity
complacer   to please
componer   to fix
comportarse   to behave
comprender   to understand
comprimido (m.)   tablet, pill
comprobar (o → ue)   to test, to
  verify, to prove
comulgar   to take communion
  (Catholic)
conceder   to grant
concurso (m.)   contest
conde (m.)   count
conductor(a)   driver
conferencia (f.)   lecture
confianza (f.)   confidence, trust
confiar en   to trust
conmovido(a)   moved
consejo (m.)   advice
constar   to be evident
consultar con la almohada   to
  sleep on (an idea or problem)
contemplar   to contemplate
contra   against
contrario(a)   opposite, contrary
convenir   to be to one's advantage
conversar   to talk
convertir(se) (e → ie)   to turn into
copa (de un árbol) (f.)   tree top
copita (f.)   small glass
corazón (m.)   heart
cordal (f.)   wisdom tooth
cordero (m.)   lamb
corona (f.)   crown
correrse   to move over
cortarse   to cut, to get cut off
cortejar   to court (a woman)
cosa (f.)   thing
  — de   a matter of
cosecha (f.)   harvest
cosechar   to harvest
coser   to sew
costar (o → ue)   to cost
costear   to pay one's way (studies,
  travel, etc.)
costo (m.)   cost

costumbre (f.)   habit
crecer   to grow
creciente (adj.)   growing
crepúsculo (m.)   twilight
creyente (m., f.)   believer
criada (f.)   maid
criarse   to be raised
cromo (m.)   chromium, print
crujido (m.)   creak, wrenching
crujir   to rustle
cruzar   to cross, to go across
cuadra (f.)   stable
cuadrado(a)   square
cual   like a
cualquiera   anybody
  — sabe   anyone knows
cuaresma (f.)   lent
cubierta (f.)   cover (i.e., of a book)
cuchillo (m.)   knife
cuello (m.)   collar, neck
cuento (m.)   story
cuero (m.)   leather
cuerpo (m.)   body
cuervo (m.)   raven
cuesta (f.)   hill
cuidado (m.)   care; be careful
cuidadosamente   carefully
cuidar   to take care of
culpa (m.)   blame, guilt
culpable   guilty
culpar   to blame
cultivo   culture, cultivation,
  improvement
cumbre (f.)   summit, height
cumplido(a)   fulfilled
cumplimiento (m.)   realization
cumplir   to keep (a promise)
cuna (f.)   cradle, crib
cura (m.)   Catholic priest
curandero(a)   witch doctor, healer
curioso(a)   curious, strange
curtido(a)   tanned
custodiar   to guard
cutis (m.)   skin

**D**

dañado(a)   hurt, damaged
dar   to give
  — a   to face
  — a conocer   to show
  — cuerda   to wind

— **flor** to bloom
— **la vuelta** to turn
— **marcha atrás** to back up
— **un paso** to take a step
— **un salto** to jump up
— **vueltas** to go around
**darle a uno la gana** to feel like
— **rabia a uno** to make one angry
— **vergüenza a uno** to feel ashamed
**darse cuenta (de)** to realize, to notice
**darse por vencido(a)** to give up
**de aquí en adelante** from now on
**de bruces** on one's face
**de cuando en cuando** once in a while
**de edad mediana** middle-aged
**de golpe** all of a sudden
**de guardia** on duty
**de lado** sideways
**de lleno** entirely
**de ningún modo** (in) no way
**de ninguna manera** (in) no way
**de nuevo** again
**de plano** absolutely
**de prisa** in haste
**de pronto** suddenly
**de repente** suddenly
**de rodillas** on one's knees
**de todos modos** anyway
**de un lado** on the one hand
**de una vez** once and for all
**de veras** really
**de vez en cuando** once in a while
**debajo de** under, beneath
**débil** weak
**decaído(a)** depressed
**declinar** to draw to a close
**dedo** (m.) finger
**defecto** (m.) fault
**defraudar** to disappoint
**dejar de** to fail to, to stop
**dejar en paz** to leave alone
**delante** in front, ahead
**delatar** to denounce, to give away
**deleite** (m.) delight, pleasure
**deletrear** to spell
**deletreo** (m.) spelling
**delicadeza** (f.) gentleness, exquisiteness

**delito** (m.) crime
**demandar** to want, to ask for
**demasiado** too; excessively
**demudado(a)** changed
**dentadura postiza** (f.) dentures
**dentro de** within
**departamento** (m.) apartment
**dependienta** (f.) female clerk
**derecho** (m.) right
**derrota** (f.) defeat
**derrumbarse** to collapse
**desagradable** unpleasant
**desamparado(a)** helpless
**desarrollarse** to take place
**desbarrancar** to go over a cliff
**descansar** to rest
**descarga** (f.) firing
**descargar** to unload; to discharge
**desconcertado(a)** bewildered
**desconfiar** to distrust
**desconocer** not to acknowledge
**desde entonces** ever since
**desde lejos** from the distance
**desde luego** of course
**desdeñoso(a)** disdainful
**desdoblar** to unfold
**desencadenar** to unchain
**desengañarse** not to deceive oneself
**desenvolver** (o → ue) to develop
**deseo** (m.) wish
**desesperarse** to despair
**desfalco** (m.) embezzlement
**desfallecer** to faint
**desfallecido(a)** very weak
**desfiladero** (m.) canyon
**desfondado(a)** crumbling
**desganado(a)** listless
**desgarrador(a)** heart rending
**desgarrón** (m.) tear
**desgracia** (f.) misfortune
**desgraciado(a)** miserable wretch
**deshojado(a)** without leaves
**deshojar** to strip off the leaves or petals
**deshora** (f.) unseasonable or inconvenient time
**desinteresado(a)** unselfish
**deslizarse** to slide
**desnudar(se)** to undress
**desnudo(a)** naked

**desnudo** (m.) nude
**despacio** slowly
**despacito** very slowly
**despavorido(a)** terrified
**despedazado(a)** torn to pieces
**despedir** (e → i) to throw (someone) out, to fire
**despedir(se)** to say goodbye, to see (someone) off
**desperdiciar** to waste
**desplomarse** to fall, to collapse
**despojos** (m.) remains
**desposar** to marry, to be betrothed
**despreciar** to scorn
**desprecio** (m.) scorn
**desprovisto de** free from
**desquite** (m.) revenge
**desvanecerse** to vanish
**desviar** to switch
**detenerse** to stop
**detrás (de)** behind
**devanarse los sesos** to rack one's brain
**diario(a)** daily
**dibujo** (m.) drawing, design
**dicha** (f.) happiness
**dichoso(a)** happy, lucky
**Dios** God
— **la (lo) ampare** May God protect you
**dirigir** to address (i.e., a letter)
**dirigirse a** to go toward
**disfrazado(a)** disguised
**disfrutar** to enjoy
**disimuladamente** on the sly
**disparar** to shoot
**disparate** (m.) nonsense
**disparo** (m.) shot
**disponible** available
**dispuesto(a)** ready, arranged
**divertido(a)** amusing
**divulgar** to divulge, to tell
**dolor** (m.) pain
— **de cabeza** headache
— **de muela(s)** toothache
**dolorido(a)** aching
**doloroso(a)** painful
**domicilio** (m.) address
**dominar** to master
**doquiera** wherever
**dorado(a)** golden

**dormido(a)**  asleep
**dormitar**  to doze
**dote** (*f.*)  dowry
**dramaturgo** (*m.*)  playwright
**duelo** (*m.*)  mourning
**dulce** (*m.*)  sweet
**dulcedumbre** (*f.*)  sweetness
**dulcería** (*f.*)  bakery
**dulzor** (*m.*)  sweetness
**dulzura** (*f.*)  sweetness
**durar**  to last
**durazno** (*m.*)  peach

*E*

**ebrio(a)**  drunk, intoxicated
**echar**  to pour out, to throw, to throw out
— **al correo**  to mail
— **el bofe**  to be out of breath
— **en el olvido**  to forget
— **mano de**  to reach for
— **suertes**  to cast lots
**editor(a)**  publisher
**eje** (*m.*)  center
**ejército** (*m.*)  army
**elección** (*f.*)  choice
**elegir** (e → i)  to choose
**embotellamiento** (*m.*) **de tráfico**  traffic jam
**embriagado(a)**  drunk
**embrutecer**  to brutalize
**emocionado(a)**  touched
**emocionante**  thrilling
**empalizada** (*f.*)  picket fence
**empuñadura** (*f.*)  handle
**en cambio**  on the other hand, instead
**en ese entonces**  in those days
**en fin**  well, in short
**en lugar de**  instead of
**en marcha**  running
**en pie**  standing
**en rededor**  around
**en sazón**  in season
**en torno**  around
**en vano**  in vain
**en vez de**  instead of
**enamorado(a) de**  in love with
**encadenar**  to chain
**encaje** (*m.*)  lace
**encalado(a)**  whitewashed

**encanecer**  to grow gray-haired
**encarar (se)**  to confront
**encargarse (de)**  to take charge of
**encarnado(a)**  red
**encarnizado(a)**  fierce, cruel
**encender** (e → ie)  to turn on, to light
**encendido(a)**  bright (color); on (*i.e., an electrical appliance*)
**encerrar** (e → ie)  to lock up
**encía** (*f.*)  gum (*around teeth*)
**encima (de)**  on top of, above, on, over
**encontrar** (o → ue)  to find
**encontrarse** (o → ue) **con**  to meet, to encounter
**enfermedad** (*f.*)  disease
— **cardíaca**  heart disease
— **infantil**  childhood disease
**enfermizo(a)**  sickly
**enfilado(a)**  in a line (row)
**enfrente**  in front, across from
**engancharse**  to get caught (on something)
**engañar**  to deceive
**enjugar(se)**  to wipe; to dry
**enjuto(a)**  skinny
**enlazado(a)**  linked, tied
**ensangrentado(a)**  bloody
**ensañado(a)**  criminal
**ensoñadoramente**  nostalgically
**ensortijado(a)**  curly
**enterarse**  to find out
**entero(a)**  whole
**enterrar** (e → ie)  to bury
**entierro** (*m.*)  burial
**entornar**  to half-close
**entraña** (*f.*)  internal organ, womb
**entre**  among
**entrechocar**  to clash, to collide with one another
**entregado(a)**  delivered
**entregarse**  to give oneself
**entrometido(a)**  meddler
**envanecerse**  to become vain
**envejecer**  to get old
**envuelto(a)**  wrapped
**equivocarse**  to be mistaken, to make a mistake
**errabundo(a)**  wandering
**errar**  to wander, to go wrong

**es decir**  that's to say
**esbelto(a)**  slender
**escalera de caracol** (*f.*)  spiral staircase
**escarbar**  to scratch
**esclavo(a)**  slave
**escoger**  to choose
**esconder(se)**  to hide (oneself)
**escritor(a)**  writer
**escritorio** (*m.*)  office, desk
**escuchar**  to listen
**escupidera** (*f.*)  spittoon
**esfera** (*f.*)  dial (*of a clock*)
**esfuerzo** (*m.*)  effort
**esmalte** (*m.*)  enamel
**esmerado(a)**  careful, thorough
**espada** (*f.*)  sword
**espantado(a)**  frightened
**espantarse**  to be frightened
**espanto** (*m.*)  terror
**espantoso(a)**  frightful
**esparadrapo** (*m.*)  adhesive tape
**especie** (*f.*)  kind
**espejo** (*m.*)  mirror
**esperanza** (*f.*)  hope
**esperar**  to wait
**espeso(a)**  thick
**espiar**  to spy on
**esposa** (*f.*)  wife
**esposo** (*m.*)  husband
**espuma** (*f.*)  lather, foam
**esquina** (*f.*)  corner
**estacionar**  to park
**estado** (*m.*) **de ánimo**  mood
**estampido** (*m.*)  shot
**estancia** (*f.*)  ranch
**estantería** (*f.*)  shelves
**estar de guardia**  to be on duty
**estar dispuesto(a) a**  to be willing to
**estar en paz**  to be even
**estar entretenido(a)**  to be entertained
**estar enamorado(a)**  to be in love
**estar por**  to be about to
**estatura** (*f.*)  height
**estela** (*f.*)  wake of a ship
**estimar**  to esteem
**estratagema** (*f.*)  plan, strategy
**estrecho(a)**  narrow
**estrella** (*f.*)  star

**estremecer**   to shiver, shake
**estruendo** (*m.*)   noise
**estrujar**   to squeeze
**etapa** (*f.*)   period of time
**evitar**   to avoid
**exactitud** (*f.*)   accuracy
**exhausto(a)**   exhausted
**exhortación** (*f.*)   appeal, advice
**exigir**   to demand
**éxito** (*m.*)   success
**explicación** (*f.*)   explanation
**explicar**   to explain
**extender (e → ie)**   to stretch
**extendido(a)**   outstretched
**extenuado(a)**   exhausted
**extraño(a)**   strange

*F*

**fábrica** (*f.*)   factory
**facción** (*f.*)   feature
**fachada** (*f.*)   facade
**facultativo** (*m.*)   doctor
**fallecer**   to die
**fallido(a)**   unfulfilled
**falta de**   lack of
**fango** (*m.*)   mud
**fantasma** (*m.*)   ghost
**farol** (*m.*)   lantern
**fastidiado(a)**   annoyed
**fastidiar**   to annoy, to vex
**faz** (*f.*)   face
**fe** (*f.*)   faith
**felicidad** (*f.*)   happiness
**felpa** (*f.*)   plush
**festejar**   to applaud, to appear to
   enjoy, to celebrate
**fiarse (de)**   to trust
**fichero** (*m.*)   file cabinet
**fiero(a)**   ugly; (*f.*) beast
**figurar**   to imagine, to guess
**fijar**   to establish
**fijarse**   to notice, to pay attention
**fila** (*f.*)   row
**fin** (*m.*)   end
**final** (*m.*)   end
**fingir**   to pretend
**fino(a)**   refined
**fiscal**   district attorney
**físico(a)** (*m., f.*)   physicist
**flaco(a)**   skinny
**flamante**   brand new

**flaquear**   to lack strength
**flor** (*f.*)   flower
**fondo** (*m.*)   depth, bottom; back
**forastero(a)**   stranger
**fósforo** (*m.*)   match
**frac** (*m.*)   dress coat
**fracasar**   to fail
**frenar**   to brake
**frente** (*f.*)   forehead
**fresa** (*f.*)   drill (*dental*); strawberry
**fresco(a)** (*adj.*)   fresh; (*m., f.*)
   fresh person
**fruncir el ceño**   to frown
**fuego** (*m.*)   light; fire
**fuerte**   strong
**fuerza** (*f.*)   strength
**fugaz**   fleeting, brief
**fulgor** (*m.*)   brilliance
**fumar**   to smoke
**funda** (*f.*)   case
**funesto(a)**   deadly
**furia** (*f.*)   fury, rage
**fusil** (*m.*)   rifle
**fusilamiento** (*m.*)   execution
**fusilar**   to shoot, to execute

*G*

**gabán** (*m.*)   overcoat
**gafas** (*f.*)   eyeglasses
**gajo** (*m.*)   branch
**galantería** (*f.*)   gallantry
**gallego(a)**   Galician
**gallina** (*f.*)   hen
**gallinazo** (*m.*)   buzzard
**gallinero** (*m.*)   chicken coop
**gallo** (*m.*)   rooster
**galo(a)**   Gaul
**garganta** (*f.*)   throat
**gastado(a)**   worn out
**gastar**   to spend (*money*)
**gatillo** (*m.*)   trigger, dental forceps
**gato(a)**   cat
**gaveta** (*f.*)   drawer
**gemelo(a)**   twin
**gemido** (*m.*)   moan
**gemir (e → i)**   to moan
**género** (*m.*)   kind
**gentil**   gracious
**germinal**   budding
**gesto** (*m.*)   gesture
**girar**   to revolve

**girasol** (*m.*)   sunflower
**giratorio(a)**   revolving
**goce** (*m.*)   enjoyment, pleasure
**golfa** (*f.*)   tramp (*Spain*)
**golondrina** (*f.*)   swallow
**golpe** (*m.*)   knock, blow
**gota** (*f.*)   drop
**gozar (de)**   to enjoy
**gozo** (*m.*)   joy
**gozoso(a)**   joyful
**gracioso(a)**   charming
**granizo** (*m.*)   hail, hailstone
**grasa** (*f.*)   grease
**gratitud** (*f.*)   gratefulness
**gravemente**   seriously
**greda** (*f.*)   crumbly soil; clay
**gritar**   to shout, to scream
**grosísimo**   very thick
**gruta** (*f.*)   cave
**guadar silencio**   to remain silent
**guerra** (*f.*)   war
**guerrera** (*f.*)   military jacket
**guía** (*f.*)   guide
   **— de teléfonos**   telephone book
**guiño** (*m.*)   wink

*H*

**haber que**   to have to
**habla** (*f.*)   speech
**hacer algo gordo**   to do something
   drastic
**hacer buches**   to gargle (*dental*)
**hacer caso**   to pay attention
**hacer daño**   to hurt
**hacer de cuenta**   to pretend
**hacer fuego**   to shoot, to fire
**hacer señas**   to signal
**hacer un rodeo**   to go around
**hacer una pregunta**   to ask a
   question
**hacerse el muerto**   to play dead
**hacerse ilusiones**   to dream (*fig.*),
   to have hopes
**hacia**   towards
**hacia atrás**   backwards
**hacienda** (*f.*)   property, farm
**hada** (*f.*)   fairy
**hado** (*m.*)   fate
**halagar**   to flatter
**hallar**   to find
**harto(a)**   fed up

**hasta**   even
— **cierto punto**   up to a certain point
— **las narices**   down to one's nose
**hecho** (*m.*)   event, incident, fact
— **ajeno**   another's deed
**helado(a)**   icy, frozen
**heredar**   to inherit
**herido(a)** (*adj.*)   wounded; (*m., f.*) wounded person
**herir** (e → ie)   to hurt, to wound
**hermandad** (*f.*)   brotherhood
**hermosura** (*f.*)   beauty
**herramienta** (*f.*)   tool
**hervir** (e → ie)   to boil
**hiel** (*f.*)   gall
**hielo** (*m.*)   ice
**hierba** (*f.*)   herb, plant, grass
**hierro** (*m.*)   iron
**hígado** (*m.*)   liver
**higuera** (*f.*)   fig tree
**hilera** (*f.*)   row
**hilo** (*m.*)   linen
**hinchado(a)**   swollen
**hipódromo** (*m.*)   racetrack
**hogar** (*m.*)   home
**hoja** (*f.*)   sheet (*of paper*); leaf
**holganza** (*f.*)   loafing
**hombro** (*m.*)   shoulder
**hondo(a)**   deep
**hormiguero** (*m.*)   anthill
**hornear**   to bake
**horno** (*m.*)   oven
**hosco(a)**   sullen
**hospitalidad** (*f.*)   lodging; hospitality
**huelga** (*f.*)   strike
**huella** (*f.*)   footprint
**huerta** (*f.*)   orchard
**huerto** (*m.*)   orchard
**hueso** (*m.*)   pit (*i.e., of an olive*); bone
**huir**   to run away
**humedecer**   to wet
**humo** (*m.*)   smoke
**hundir**   to sink
**husmear**   to smell

**I**

**impeler**   to impel, to spur
**importar**   to matter

**importarle un bledo a uno**   not to care in the least
**improcedente**   inappropriate
**inadvertido(a)**   unseen, unnoticed
**inalcanzable**   unreachable
**inclinar la cabeza**   to nod
**inconexo(a)**   unconnected, incoherent
**inconfundible**   unmistakable
**incorporarse**   to sit up, to get up
**ineludible**   inevitable
**inerte**   inert, paralyzed
**inesperadamente**   unexpectedly
**inesperado(a)**   unexpected
**infierno** (*m.*)   hell
**infortunio** (*m.*)   misfortune
**ingenuamente**   naively
**ingerir** (e → ie)   to insert, to swallow
**ingrato(a)**   ungrateful
**inhabilitar**   to disqualify
**injuria** (*f.*)   insult
**injusto(a)**   unfair
**inmerecido(a)**   underserved
**inofensivo(a)**   harmless
**inolvidable**   unforgettable
**inquieto(a)**   worried, restless
**instruir**   to instruct, to hear evidence (*legal*)
**intentar**   to try, to attempt
**intimidad** (*f.*)   privacy
**inútil**   useless
**invitado(a)**   guest
**ir**   to go
**irse**   to go away, to leave
**izar las velas**   to set sail

**J**

**jaba** (*f.*)   bag
**jaca** (*f.*)   nag
**jadeante** (*f.*)   panting
**jadear**   to pant
**jarro** (*m.*)   earthen jug
**jaula** (*f.*)   cage
**jinete** (*m., f.*)   rider
**joroba** (*f.*)   hump
**joven** (*m., f.*)   young person (*adj.*) young
**joya** (*f.*)   jewel
**juez** (*f., m.*)   judge
**junco** (*m.*)   rush

**junto a**   next to
**juntos(as)**   together
**jurar**   to swear
**juventud** (*f.*)   youth
**juzgar**   to judge

**L**

**labio** (*m.*)   lip
**ladrar**   to bark
**ladrido** (*m.*)   barking
**ladrón(ona)**   burglar, thief
**lagartija** (*f.*)   lizard
**lágrima** (*f.*)   tear
**lamentar**   to regret
**lana** (*f.*)   wool
**lanzarse**   to rush (*upon*)
**largar**   to set free (*from jail*)
**latir**   to beat (*i.e., one's heart*)
**leal**   loyal
**lealtad** (*f.*)   loyalty
**lecho** (*m.*)   bed
**lectura** (*f.*)   reading
**legar**   to bequeath
**legua** (*f.*)   league
**lejanía** (*f.*)   distance
**lejano(a)**   far away
**lengua** (*f.*)   tongue
**lentes** (*m. pl.*)   eyeglasses
**lentitud** (*f.*)   sluggishness
**letra** (*f.*)   handwriting
**leve**   light, slight
**levemente**   slightly
**levita** (*f.*)   frock coat
**libra** (*f.*)   pound
**librar**   to deliver, to free
**libre**   free
**ligero(a)**   light
**limosna** (*f.*)   alms
**limosnero(a)**   beggar
**lince**   lynx, (*fig.*) shrewd
**linterna** (*f.*)   lantern
**liquidar**   to liquidate, to kill (*coll.*)
**liso(a)**   smooth
**liviandad** (*f.*)   imprudence
**llama** (*f.*)   flame
**llamear**   to flame
**llano** (*m.*)   plain
**llanto** (*m.*)   crying, weeping
**llorar**   to cry, to weep
**lloriquear**   to whimper
**lobo** (*m.*)   wolf

**locura** (f.)  insanity
**lograr**  to manage, to attain, to succeed
**lona** (f.)  canvas
**lozanía** (f.)  freshness, youth
**lucha** (f.)  fight, struggle
**luchar**  to fight
**lúgubre**  lugubrious
**luna** (f.)  moon
**lustroso(a)**  shiny

**M**
**madera** (f.)  wood
**madreselva** (f.)  honeysuckle
**madrugada** (f.)  dawn
**madrugador(a)**  early riser
**madurez** (f.)  maturity
**maduro(a)**  mature, ripe
**mal** (m.)  evil
**maldecir**  to curse (conj. like decir)
**maldición** (f.)  curse
**maldito(a)**  damned
**maledicencia** (f.)  slander
**maleta** (f.)  suitcase
**malquerer** (e → ie)  to hate
**manantial** (m.)  spring
**manar**  to spring
**manchado(a)**  stained
**manchar**  to stain
**mandíbula** (f.)  jaw
**manecilla** (f.)  hand (in a clock)
**manejarse**  to handle oneself, to manage
**manga** (f.)  sleeve
**manicomio** (m.)  insane asylum
**mantener** (e → ie)  to keep
**manzana** (f.)  city block
**mar** (m.)  sea
**marcharse**  to leave, to go away
**marco** (m.) **de la puerta**  doorway
**marearse**  to get dizzy
**margarita** (f.)  daisy
**marido** (m.)  husband
**marinero** (m.)  sailor
**martirio** (m.)  martyrdom
**mas**  but
**más**  more
— **adelante**  later on
— **vale**  it's better

**mata** (f.)  plant
**matar**  to kill
**matrimonio** (m.)  married couple, marriage
**mazorca** (f.)  ear of corn
**mecer**  to rock
**mechón** (m.)  tuft (of hair)
**media** (f.)  stocking
**medida** (f.)  measure
**medio ambiente** (m.)  environment
**mejilla** (f.)  cheek
**mejorar**  to improve
**mendigar**  to beg
**mensaje** (m.)  message
**mente** (f.)  mind
**mentira** (f.)  lie
**mentón** (m.)  chin
**mercancías** (f.)  goods
**merecer**  to deserve
— **la pena**  to be worthwhile
**merienda** (f.)  snack
**meterse en**  to get into
**mezquino(a)**  petty, mean
**miedo** (m.)  fear
**miel** (f.)  honey
**mientras tanto**  in the meantime
**Miércoles de ceniza** (m.)  Ash Wednesday
**miga** (f.)  crumb
**milagroso(a)**  miraculous
**millar** (m.)  thousand
**mimo** (m.)  pampering
**miope**  myopic, nearsighted
**mirada** (f.)  glance, look, stare
**mirar fijamente**  to stare
**mismo(a)**  same
**mitad** (f.)  half
**mocedad** (f.)  youth
**modo** (m.)  way
**mohín** (m.)  gesture
**mojado(a)**  wet
**mojarse**  to get wet
**molino** (m.)  mill
**moneda** (f.)  coin
**mono(a)** (adj.)  cute
**montón** (m.)  heap
**morcilla** (f.)  blood sausage
**mordaza** (f.)  gag
**mordedura** (f.)  bite
**morder** (o → ue)  to bite
**moribundo(a)**  dying

**mosca** (f.)  fly
**mostrador** (m.)  counter
**mover** (o → ue)  to move
**moza** (f.)  girl
**mudo(a)**  mute
**muela** (f.)  molar
— **de juicio**  wisdom tooth
**muerte** (f.)  death
**muerto(a)**  dead (person)
**mugre** (f.)  filth
**mujer**  woman, wife
**multitud** (f.)  crowd
**muñeca** (f.)  wrist
**mustio(a)**  parched

**N**
**nacer**  to be born
**nacimiento** (m.)  birth
**naipe** (m.)  card (playing)
**nalgas** (f.)  buttocks
**nave** (f.)  ship
— **espacial**  spaceship
**navegar**  to sail
**necio(a)**  stupid, foolish
**negar(se)** (e → ie)  to refuse, to deny
**ni siquiera**  not even
**nido** (m.)  nest
**niebla** (f.)  fog, mist
**niñera** (f.)  nanny
**niñez** (f.)  childhood
**nocturno** (m.)  nocturne
**notar**  to notice
**noticioso** (m.)  news (Am.)
**novedad** (f.)  news
**novia** (f.)  bride
**novio** (m.)  groom
**nube** (f.)  cloud
**nuca** (f.)  nape of the neck
**nudillo** (m.)  knuckle
**nudo** (m.)  knot

**O**
**obispo** (m.)  bishop
**obra** (f.)  work
**obrar**  to work, to act, to behave
**obrero(a)**  worker
**ocasión** (f.)  opportunity, reason
**ocaso** (m.)  setting sun
**Occidente** (m.)  West
**ocultar**  to hide

oculto(a)  hidden
ocurrir  to happen
odiar  to hate
odio (m.)  hatred, hate
odioso(a)  hateful
ojeada (f.)  glance
ojeras (f.)  circles (under the eyes)
ola (f.)  wave
oleaje (m.)  succession of waves
olla (f.)  pot
olor (m.)  smell
olvido (m.)  forgetfulness
onda (f.)  wave
opinar  to give an opinion
oprimir  to oppress
oración (f.)  prayer
orar  to pray
oreja (f.)  ear
orgullo (m.)  pride
orilla (f.)  border, edge, bank (of a river)
oscurecer (m.)  dusk; to grow dark
oscuridad (f.)  darkness
oscuro(a)  dark
otorgar  to grant
otra vez  again

**P**

padecer  to suffer
paga (f.)  pay
pago (m.)  payment, town (coll.)
país (m.)  country
pájaro (m.)  bird
palabra (f.)  word
palidecer  to become pale
pálido(a)  pale
palmada (f.)  slap
pamplina (f.)  nonsense
pantorilla (f.)  calf (of the leg)
pañuelo (m.)  handkerchief
Papa  Pope
papel (m.)  role
para  for
— con  towards
— servirle  at your service
parado(a)  standing still
parar(se)  to stop
parece mentira  it is incredible
parecer  to seem, to look like
pareja (f.)  couple
pariente (m.)  relative

parpadear  to blink
párpado (m.)  eyelid
parroquia (f.)  parish
parte (m.)  official communication
partir  to depart, to leave
parto (m.)  delivery (of a baby)
pasadizo (m.)  aisle
pasador (m.)  door bolt
pasar  to come in, to pass, to happen
— hambre  to go hungry
— la aspiradora  to vacuum
— por  to be taken for
pasas (f.)  raisins
pasear  to go for a walk
pasearse  to pace
paso (m.)  step
pastelería (f.)  bakery
pastilla (f.)  pill
pastor(a)  shepherd
patada (f.)  kick
pato (m.)  duck
patria (f.)  homeland
patrón(ona)  boss
paz (f.)  peace
pecado (m.)  sin
pecar  to sin
pecho (m.)  chest, breast
pedazo (m.)  piece
pedido (m.)  request
pegado(a)  attached
pegajoso(a)  sticky
pegar  to stick to; to hit, to beat
— la vuelta  to hit the turn, turn around
pegarse un tiro  to shoot oneself
peinar  to comb someone's hair
pelado(a)  bare
pelea (f.)  fight, argument
peligro (m.)  danger
pelona (f.)  death (coll.)
pelotón (m.)  platoon
peluca (f.)  wig
peludo(a)  hairy
pena (f.)  sorrow
pensamiento (m.)  thought
peón (m.)  laborer
pequeñez (f.)  smallness
perder (e → ie)  to lose, to miss (i.e., a train)
— el tiempo  to waste time

perdón (m.)  forgiveness
perdonar  to forgive
peregrino(a)  pilgrim
perenne  perpetual
pereza (f.)  laziness, slowness
pérfido(a)  evil
permanecer  to remain
perseguir (e → i)  to chase
persiana (f.)  slatted shutter, venetian blind
persona desconocida (f.)  stranger
personaje (m.)  character
pertenecer  to belong
pertenencias (f.)  belongings
perturbador(a)  disturbing
pesadilla (f.)  nightmare
pesado(a)  heavy
pesadumbre (f.)  grief
pescador  fisherman
peso (m.)  weight
pestaña (f.)  eyelash
petaca (f.)  tobacco pouch
piedad (f.)  pity
piedra (f.)  rock, stone
piel (f.)  skin
pileta (f.)  swimming pool (Argentina)
pinchazo (m.)  shot, injection
pingo (m.)  horse
pintor(a)  painter
pinzas (f. pl.)  pliers
pisar  to step, to walk on
pitar  to honk
placa (f.)  (Mex.) license plate
placer (m.)  pleasure
platicar  to talk
plenitud (f.)  fullness
pluma (f.)  feather
poblar (o → ue)  to populate
pobre  poor
poco antes  a little before
poder (o → ue)  to be able to
poder (m.)  power
poderoso(a)  powerful
policial (adj.)  police
polvareda (f.)  cloud of dust
polvo (m.)  dust, powder
pólvora (f.)  gunpowder
polvoriento(a)  dusty
pomarrosa (f.)  rose apple
pompa (f.)  grandeur

**ponerse (a + infinitivo)**  to start doing something
— **colorado(a)**  to blush
— **de pie**  to stand up
— **en marcha**  to start walking, going
— **encarnado(a)**  to blush
— **gris**  to turn grey
— **rojo(a)**  to blush
**poniente** (*m.*)  west
**por el estilo**  like that
**por el rabo del ojo**  through the corner of an eye
**por encima de**  above, over; in spite of
**por eso**  that's why
**por lo tanto**  so, therefore
**por lo visto**  apparently
**por más que**  even if
**por poco**  almost
**por supuesto**  of course
**por todos los santos**  in heaven's name
**pordiosero(a)**  beggar
**pormenores** (*m.*)  details
**portal** (*m.*)  entry
**portarse**  to behave
**porvenir** (*m.*)  future
**posadero(a)**  innkeeper
**postigo** (*m.*)  shutter
**postizo(a)**  false, artificial
**potrillo(a)**  small horse
**pozo** (*m.*)  well, deep hole
**prado** (*m.*)  meadow
**precipitado(a)**  rapid
**premio** (*m.*)  prize
**presentar**  to introduce
**presión** (*f.*)  pressure
**preso(a)**  imprisoned
**prever**  to anticipate, predict
**privada** (*f.*)  dead-end street (*Mex.*)
**proceso** (*m.*)  (*legal*) trial
**procurar**  to try
**prometer**  to promise
**propio(a)**  own
**proponerse**  to intend to, to plan
**proporcionar**  to supply
**prueba** (*f.*)  proof
**pudor** (*m.*)  modesty
**pueblo** (*m.*)  town
**pueblo natal** (*m.*)  hometown

**puente** (*m.*)  bridge
**puerco** (*m.*)  pig
**puerto** (*m.*)  port
**pulir**  to polish
**pulmón** (*m.*)  lung
**punta** (*f.*)  point
**puñado** (*m.*)  handful
**puñal** (*m.*)  dagger
**puñalada** (*f.*)  stab
**puño** (*m.*)  handle
**pureza** (*f.*)  purity
**puro(a)**  pure, straight (*liquor*)

**Q**

**¡qué diablos!**  what the heck!
**quedar en**  to agree on
**quedarse**  to remain, to stay
— **callado(a)**  to remain silent
— **con**  to keep
— **despachado(a)**  to be settled, to be arranged
— **en pie**  to remain standing
**queja** (*f.*)  complaint
**quemar**  to burn
**querer (e → ie)**  to love; to want
**quicio** (*m.*)  door jamb
**quieto(a)**  still
**quinqué** (*m.*)  oil lamp
**quinta** (*f.*)  ranch
**quitar el sueño**  to keep awake
**quizás**  perhaps, maybe

**R**

**rabia** (*f.*)  rage, fury
**rabioso(a)**  furious
**raíz** (*f.*)  root
**rama** (*f.*)  branch
**raptor(a)**  kidnapper
**raro(a)**  strange, rare
  **raras veces**  rarely
**rasgar**  to tear
**rastro** (*m.*)  trace
**rato** (*m.*)  while (*period of time*)
**recado** (*m.*)  message
**recámara** (*f.*)  bedroom
**rechazar**  to reject, to push away
**recién**  recently, lately
**recluido(a)**  secluded, shut in
**reconocer**  to examine, to recognize
**reconocimiento** (*m.*)  (*medical*) check up

**reconvención** (*f.*)  accusation
**recorrer**  to travel
**recostarse (o → ue)**  to lean, to lie down
**recto(a)**  straight
**recuerdo** (*m.*)  memory, souvenir
**red metálica** (*f.*)  screen
**redactar**  to write, to draw up
**redondo(a)**  round
**reducido(a)**  reduced
**referirse (e → ie) a**  to refer to
**refrenar**  to hold back
**refrescarse**  to cool off
**regañar**  to scold
**regla** (*f.*)  rule
**reina** (*f.*)  queen
**reír(se)**  to laugh
**reja** (*f.*)  iron grate
**relatar**  to tell
**relato** (*m.*)  story
**remordimiento** (*m.*)  remorse
**rencoroso(a)**  resentful, full of hatred
**rendirse (e → i)**  to surrender
**renunciar**  to give up
**repeler**  to complain
**repicar**  to ring (*a bell*)
**repleto(a)**  full
**reseco(a)**  dry
**resfriado** (*m.*)  cold
**resistir**  to stand, to bear
**resorte** (*m.*)  spring
**respingado(a)**  turned up (*nose*)
**respirar**  to breathe
**restirador** (*m.*)  drawing board
**retirar(se)**  to leave, to withdraw
**retroceder**  to back up
**revelar**  to reveal
**reventar (e → ie)**  to burst
**revés** (*m.*)  back
**revuelo** (*m.*)  flying to and fro
**rezar**  to pray
**rifa** (*f.*)  raffle
**rincón** (*m.*)  corner (*i.e., in a room*)
**riñón** (*m.*)  kidney
**río** (*m.*)  river
**risa** (*f.*)  laughter
**robar**  to rob, to steal
**rocío** (*m.*)  dew
**rodar (o → ue)**  to wander around, to slide

**rodear**   to surround
**rodilla** (*f.*)   knee
**rogar (o → ue)**   to beg
**romperse**   to break up
— **la cabeza**   to think hard
**ronco(a)**   hoarse
**rostro** (*m.*)   face
**rótulo** (*m.*)   label
**rouge** (*m.*)   lipstick
**rozar**   to rub against
**ruborizarse**   to blush
**rudo(a)**   coarse, crude
**ruido** (*m.*)   noise
**rumbo** (*m.*)   direction, path

**S**

**sábana** (*f.*)   sheet
**sabiduría** (*f.*)   wisdom
**sabio** (*m., f.*)   wise person
**sablazo** (*m.*)   blow from a saber
**sabor** (*m.*)   flavor
**saborear**   to taste, to savor
**sabroso(a)**   tasty
**sacar**   to take out
— **la lotería**   to win the lottery
**saco** (*m.*)   coat
**salina** (*f.*)   salt marsh
**salir bien**   to turn out well
**saltar**   to jump (over), to leap (over)
**salto** (*m.*)   leap, jump
**salud** (*f.*)   health
**salvaje**   wild
**salvar**   to save
**sangre** (*f.*)   blood
**sanseacabó**   that's it
**sartén** (*m.*)   frying pan
**sastre** (*m.*)   tailor
**secar(se)**   to dry (oneself)
**seco(a)**   dry
**seda** (*f.*)   silk
**sello** (*m.*)   stamp
**semáforo** (*m.*)   traffic light
**sembrar (e → ie)**   to sow
**semejante**   such (a); (*n.*)   fellow
being
**sencillez** (*f.*)   simplicity
**sencillo(a)**   simple
**senda** (*f.*)   path
**sendero** (*m.*)   path
**seno** (*m.*)   depth (*fig.*)

**sensible**   sensitive
**sentimiento** (*m.*)   feeling
**seña** (*f.*)   mark, sign
**señalar**   to point
**Señor**   Lord
**sepulcro** (*m.*)   tomb
**sepultar**   to bury
**ser** (*m.*)   being
— **humano** (*m.*)   human being
**serenar**   to calm
**sereno** (*m.*)   night watch
**seres que amo**   my loved ones
**siembra** (*f.*)   sown field
**siervo(a)**   slave
**siglo** (*m.*)   century
**simiente** (*f.*)   seed
**simpatía** (*f.*)   charm
**sin**   without
— **apuro**   unhurriedly
— **cesar**   without stopping
— **embargo**   nevertheless,
however
— **etiqueta**   without formalities
— **falta**   without fail
— **ganas**   unwillingly
— **lugar a dudas**   without a
doubt
— **sentido**   unconscious
**sindicato** (*m.*)   labor union
**soberbia** (*f.*)   haughtiness
**sobrar**   to be over and above
**sobre** (*m.*)   envelope
**sobresaltarse**   to jump
**sobrevivir**   to survive
**¡socorro!**   help!
**solapa** (*f.*)   lapel
**soldado** (*m.*)   soldier
**soledad** (*f.*)   loneliness
**soler (o → ue) (+ infinitivo)**   to be
accustomed to, used to
**solicitar**   to request
**sollozar**   to sob
**sollozo** (*m.*)   sob
**soltar (o → ue)**   to let go
— **el cinturón**   unbuckle the
seatbelt
**soltero(a)**   single
**sombra** (*f.*)   shadow
**sombrío(a)**   dark, gloomy
**sonido** (*m.*)   sound

**sonreír (e → i)**   to smile
**sonrisa** (*f.*)   smile
**soñador(a)**   dreamer
**soñar (o → ue)**   to dream
**soñoliento(a)**   sleepy
**soplar**   to blow
**soportable**   bearable
**soportar**   to suffer, to stand, to bear
**sorbo** (*m.*)   sip
**sordo(a)**   deaf
**sospecha** (*f.*)   suspicion
**sotana** (*f.*)   robe
**suave**   gentle
**suavemente**   gently
**suavidad** (*f.*)   softness, tenderness
**súbitamente**   suddenly
**súbito(a)**   sudden
**suceder**   to happen
**suceso** (*m.*)   happening, event
**sudor** (*m.*)   perspiration, sweat
**sudoroso(a)**   sweaty
**sueco(a)**   Swedish
**suelo** (*m.*)   ground
**suelto** (*m.*)   newspaper clipping
**suelto(a)**   loose, relaxed
**sueño** (*m.*)   dream
**suerte** (*f.*)   destiny, luck, fate
**sufrido(a)**   long-suffering
**sujetar**   to hold (*down*)
**sumergir**   to sink
**sumirse**   to sink into
**sumiso(a)**   docile
**suplicar**   to beg
**suponer**   to suppose
**surco** (*m.*)   furrow
**surtidor** (*m.*)   fountain
**suspender**   to stop
**suspicaz**   distrustful
**susto** (*m.*)   fright

**T**

**tabla** (*f.*)   board, shelf
**taco** (*m.*)   heel (*of a shoe*)
**tal como**   exactly as
**tal vez**   maybe, perhaps
**taller** (*m.*)   workshop
**talón** (*m.*)   heel
**tantos(as)**   so many
**tapa** (*f.*)   lid
**tapar(se)**   to cover (*oneself*)

**tapia** (*f.*)  wall
**tapiz** (*m.*)  tapestry
— **flamenco**  Flemish tapestry
**tardanza** (*f.*)  delay
**tardar**  to take long, to delay
**tarima** (*f.*)  stage
**tartamudear**  to stutter
**tazón** (*m.*)  bowl, large cup
**tejido** (*m.*)  textile
**tejido(a)**  woven
**tela** (*f.*)  canvas, fabric
**telaraña** (*f.*)  spider's web
**telón** (*m.*)  curtain
**tembloroso(a)**  trembling
**temer**  to fear
**temeroso(a)**  fearful
**temible**  feared
**temido(a)**  feared
**temor** (*m.*)  fear
**tenazas** (*f.*)  tongs
**tenderse (e → ie)**  to lie down
**tener ganas de**  to feel like
**tener la sartén por el mango**  to have the upper hand
**tentador(a)**  tempting
**tentar (e → ie)**  to tempt
**teñido(a)**  dyed
**terciopelo** (*m.*)  velvet
**terminar**  to end, to finish
**ternura** (*f.*)  tenderness
**terreno** (*m.*)  land
**tesoro** (*m.*)  treasure
**tez** (*f.*)  complexion, skin
**tibio(a)**  warm
**tienda** (*f.*)  tent
**tierno(a)**  soft, fresh, tender
**tierra** (*f.*)  earth
**tijeras** (*f.*)  scissors
**timbre** (*m.*)  stamp (*Mex.*); bell
**tina** (*f.*)  bathtub
**tinieblas** (*f.*)  darkness
**tinta** (*f.*)  ink
**tío** (*m.*)  guy (*Spain*)
**tíovivo** (*m.*)  merry-go-round (*Spain*)
**tipo** (*m.*)  guy, fellow
**tirar**  to throw, to shoot
**tiro** (*m.*)  shot
**tirón** (*m.*)  pull
**titubear**  to hesitate

**tocar**  to touch, to ring
— **la bocina**  to honk (*a car horn*)
**tocino** (*f.*)  bacon
**tomar una copa** (*m.*)  to have a drink
**tomar una decisión**  to make a decision
**tonto(a)**  dumb, stupid, silly
**torcer (o → ue)**  to twist
**torcido(a)**  crooked
**tormenta** (*f.*)  storm
**torpeza** (*f.*)  clumsiness, stupidity
**torre** (*f.*)  tower
**toser**  to cough
**tragar**  to swallow
**trago** (*m.*)  drink, draught (*of liquor*)
**traición** (*f.*)  treason
**trajín** (*m.*)  going to and fro
**tramar**  to plot
**tranquilo(a)**  calm, peaceful
**tranvía** (*m.*)  streetcar
**trapo** (*m.*)  rag
**tras**  behind
**trasquilado(a)**  shorn
**trayecto** (*m.*)  journey, stretch, route
**trazo** (*m.*)  outline
**trenza** (*f.*)  braid
**treta** (*f.*)  trick
**trigo** (*m.*)  wheat
**triste**  sad
**tristeza** (*f.*)  sadness
**triturar**  to crush
**tronchar**  to cut off
**tropezar (e → ie)**  to trip, to come across or upon, to stumble
**trueque** (*m.*)  exchange
**tuerto(a)**  one-eyed
**tumba** (*f.*)  tomb, grave
**tumbarse**  to lie down
**tupido(a)**  thick
**turbio(a)**  turbid, muddy

**U**
**ultraje** (*m.*)  abuse, insult
**umbral** (*m.*)  threshold
**único(a)**  only, unique
**unir**  to join, to unite
**unos(as) cuantos(as)**  a few
**uña** (*f.*)  fingernail

**V**
**vacilar**  to doubt
**vagar**  to wander, roam
**vago(a)**  vague
**vagón** (*m.*)  car (*railroad*)
**vaina** (*f.*)  pod, thing (*coll.*)
**valer la pena**  to be worthwhile
**valeroso(a)**  brave
**valija** (*f.*)  suitcase
**valle** (*m.*)  valley
**valor** (*m.*)  courage, value
**vano(a)**  hollow, illusory
**varias veces**  several times
**vecino(a)**  neighbor
**vejez** (*f.*)  old age
**vela** (*f.*)  sail
**velocidad** (*f.*)  speed
**velorio** (*m.*)  wake
**vendedor(a)**  salesman, saleswoman
**veneno** (*m.*)  poison
**venganza** (*f.*)  revenge
**vengar**  to avenge
**vengarse (de)**  to take revenge
**venir**  to come
**ventaja** (*f.*)  advantage
**ventura** (*f.*)  happiness
**verdoso(a)**  greenish
**verdugo**  executioner
**vereda** (*f.*)  sidewalk (*Am.*)
**vergonzoso(a)**  shameful
**vergüenza** (*f.*)  shame
**verja** (*f.*)  iron gate
**verosímil**  believable
**verter (e → ie)**  to shed (*i.e., tears*)
**vía** (*f.*)  track
**víbora** (*f.*)  snake
**vida** (*f.*)  life
**vidriera** (*f.*)  store window, glass cabinet
**vidrio** (*m.*)  glass
**viejo(a)**  old
**vientre** (*m.*)  belly
**vigilar**  to watch
**vínculo** (*m.*)  tie, bond
**vislumbrar**  to imagine
**víspera** (*f.*)  eve
**vitrina** (*f.*)  window (*in a store*)

**viuda**   widow
**viudo**   widower
**vivo(a)**   alive
**volante** (*m.*)   steering wheel
**voluntad** (*f.*)   will
**volver del revés**   to reverse, to turn
  around the other way
**volverse (o → ue)**   to turn around
**volverse atrás**   to turn back

**volverse loco(a)**   to go crazy
**voz** (*f.*)   voice
**vuelto(a)**   back

**Y**

**y se acabó**   and that's that
**ya no**   no longer
**ya no poder más**   to be unable to
  stand it any longer

**ya que**   since
**yerno** (*m.*)   son-in-law
**yeso** (*m.*)   cast

**Z**

**zaguán** (*m.*)   entrance (*of a house*)
**zarandear**   to shake
**zorro** (*m.*)   fox
**zumbar**   to buzz, to hum

# ACKNOWLEDGEMENTS

p. 4    Marco Denevi, *Génesis*. Reprinted by permission of the author.

p. 7    Enrique Anderson-Imbert, "Sala de espera," *El gato Cheshire*. Reprinted by permission of the author.

p. 10   Enrique Anderson-Imbert, "La muerte," *El Grimorio*. Reprinted by permission of the author.

p. 12   Marco Denevi, "Apocalipsis." Reprinted by permission of the author.

p. 24   Rosa Montero, "El arrebato" from *El País semanal*. Reprinted by permission of *El País*.

p. 28   Jorge Luis Borges, "Leyenda" Copyright © 1995 by María Kodama. First printed in *Elogio de la sombra*. Reprinted with the permission of The Wylie Agency, Inc.

p. 33   Excerpted from "Con los ojos cerrados" from *Con los ojos cerrados* by Reinaldo Arenas, (Montevideo: Arca 1972). Reprinted by permission of Arca Editorial SRL.

p. 38   Excerpted from "Una carta a Dios" by Gregorio López y Fuentes, from *Cuentos campesinos de México*, Editorial Cima, 1940.

p. 42   "La conciencia" from *Historias de la Artámila* by Ana María Matute. Copyright © 1961 by Ana María Matute. Used by permission of Agencia Literaria Carmen Balcells, S.A.

p. 48   "Los amigos" by Julio Cortázar from *Relatos*. © Julio Cortázar, 1956, and Heirs of Julio Cortázar. Reprinted by permission of Agencia Literaria Carmen Balcells, S.A.

p. 56   Excerpt from Camilo José Cela, *La colmena*. Copyright ©1951 by Camilo José Cela. Used by permission of Agencia Literaria Carmen Balcells, S.A.

p. 60   Excerpted from *Escuadra hacia la muerte: La mordaza* by Alfonso Sastre. Edited, introduction and notes by Farris Anderson. (Madrid: Editorial Castalia, 1987). Copyright © 1987. Reprinted by permission of Editorial Castalia.

p. 66   "Meciendo" by Gabriela Mistral from *Poesías completas por Gabriela Mistral*. Third Edition (Madrid, Aguilar, 1966). Reprinted by arrangement with Doris Dana, c/o Joan Daves Agency as agent for the proprietor. Copyright 1971 by Doris Dana.

p. 71   José Martí, de *Versos sencillos:* "Poema N° V" from *Prosa y poesía* by José Martí.

p. 73   Antonio Machado "XXIII," *Proverbios y cantares*. Reprinted by permission.

p. 74   "Canción de jinete" by Federico García Lorca. Copyright © by The Heirs of Federico García Lorca. Reprinted by permission of Agencia Literaria Mercedes Casanovas.

p. 76   "Cuadrados y ángulos" by Alfonsina Storni. Reprinted by permission of Editorial Losada, S.A., Buenos Aires.

p. 80    "Canto de esperanza" by Daisy Zamora from *La violenta espuma: poemas, 1968–1978* (Managua, Nicaragua: Ministerio de Cultura, 1981). Used by permission of Curbstone Press.

p. 82    "Nostalgia" by José Santos Chocano, from *Antología poética* (Madrid: Espasa Calpe, 1962). Used by permission of Espasa Calpe, S.A., Madrid.

p. 84    "El viaje definitivo" by Juan Ramón Jiménez, *Antología poética*, Second Edition (Buenos Aires: Editorial Losada, 1958). Reprinted by permission of the estate of Juan Ramón Jiménez.

p. 86    From Nicolás Guillén, *Cantos para soldados y sones para turistas*. Copyright 1937, Editorial Masas. Reprinted by permission of Agencia Literaria Latinoamericana, Havana, Cuba.

p. 89    "Rebelde" by Juana de Ibarbourou from *Antologiá (poesía y prosa 1919–1971)*. Reprinted by permission of Editorial Losada, S.A., Buenos Aires.

p. 93    "Poema N° 10" from *Veinte poemas de amor y una canción desesperada* by Pablo Neruda. Copyright © 1924 by Pablo Neruda. Used by permission of Agencia Literaria Carmen Balcells, S.A.

p. 96    Olga Ramírez de Arellano, "El adversario." Reprinted by permission of Professora Olga Nolla.

p. 100    Excerpted from "La casa de Bernarda Alba" by Federico García Lorca. Copyright © by The Heirs of Federico García Lorca. Reprinted by permission of Agencia Literaria Mercedes Casanovas.

p. 108    "El arrepentido" from *Historias de la Artámila* by Ana María Matute. Copyright © 1961 by Ana María Matute. Used by permission of Agencia Literaria Carmen Balcells, S.A.

p. 118    Silvia Molina, "La casa nueva" from *Sospresas*. Copyright © by Silvia Molina. Reprinted by permission of the author.

p. 122    "Un día de éstos" from *Los funerales de la Mamá Grande* by Gabriel García Márquez. Copyright © 1962 by Gabriel García Márquez. Used by permission of Agencia Literaria Carmen Balcells, S.A.

p. 128    "Masa" by César Vallejo from *España, aparta de mí este cáliz* (1939).

p. 129    "La higuera" by Juana de Ibarbourou, from *Antología: poesía y prosa 1919–1971*. Reprinted by permission of Editorial Losada, S.A., Buenos Aires.

p. 130    "Un puñado de tierra" by Hérib Campos Cervera, from *Ceniza redimida: poemas*, (Buenos Aires: Tupã, 1950).

p. 131    "Letanía del mar" by Julia de Burgos from *El mar y tú: Otros poemas* (Río Piedras, PR: Ediciones Huracán, 1981, 1986). Reprinted by permission of Ediciones Huracán.

p. 132    "Otoño" by Francisco Mena-Ayllón. From *Retratos y reflejos*. Reprinted by permission of the author.

p. 136    "El as de espadas" by Hugo Rodríguez-Alcalá. Reprinted by permission of the author.

p. 147    Excerpted from "El tiempo y el espacio" by Julio Camba, from *La rana viajera*, Third Edition, (Madrid: Espasa-Calpe, 1934). Used by permission of Espasa Calpe, S.A., Madrid.